Javier Rubio

La mirada compasiva

AF549183

Javier Rubio

La mirada compasiva

Itinerario espiritual con Murillo por la iglesia de la Caridad de Sevilla

CREDO EDICIONES

Imprint
Any brand names and product names mentioned in this book are subject to trademark, brand or patent protection and are trademarks or registered trademarks of their respective holders. The use of brand names, product names, common names, trade names, product descriptions etc. even without a particular marking in this work is in no way to be construed to mean that such names may be regarded as unrestricted in respect of trademark and brand protection legislation and could thus be used by anyone.

Cover image: Hermandad de la Santa Caridad

Publisher:
CREDO EDICIONES
is a trademark of
Dodo Books Indian Ocean Ltd. and OmniScriptum S.R.L publishing group

120 High Road, East Finchley, London, N2 9ED, United Kingdom
Str. Armeneasca 28/1, office 1, Chisinau MD-2012, Republic of Moldova, Europe
Managing Directors: Ieva Konstantinova, Victoria Ursu
info@omniscriptum.com

Printed at: see last page
ISBN: 978-613-0-36001-6

Copyright © Javier Rubio
Copyright © 2018 Dodo Books Indian Ocean Ltd. and OmniScriptum S.R.L publishing group

MEDITACIONES KERIGMÁTICAS SOBRE LOS CUADROS DE MURILLO DEL HOSPITAL DE LA CARIDAD

LA MIRADA COMPASIVA

Itinerario espiritual con Murillo por la iglesia de la Caridad de Sevilla

JAVIER RUBIO

El regreso del hijo pródigo (Murillo, 1668)

"Cubrir a quien ves desnudo y no desentenderte de los tuyos" (Is 58, 7)

Lc 15, 11-32

El padre nunca dejó de quererlo. Nunca se arrepintió. Nunca desfalleció. Quiso al hijo mientras crecía en casa, rebelde; lo quiso cuando le pidió la parte de la herencia, disoluto; y lo quiso en la distancia, ausente, mientras malgastaba su legado en un país lejano. Nunca, ni un minuto, dejó de quererlo. Lo quería con locura y con locura lo siguió queriendo soñando con su vuelta. Luego, cuando lo vio aparecer a lo lejos por el camino, resultó fácil: dio rienda suelta a ese cariño que había embalsado como un pantano que salta por los aires y suelta todo el agua que almacena de golpe, anegando los cauces por los que discurre el afecto, una riada de amor que no paró hasta que vio al hijo resarcido.

Amor primero

Le bastó con verlo a lo lejos. Se fijó en sus andares, en la forma en que arrastraba el cuerpo y eso fue bastante. No le preguntó, no le sermoneó, no le demandó explicaciones. Nada. Ni siquiera lo dejó hablar. Para qué hablar, si se puede besar. Para qué reprochar si se puede perdonar. Para qué enfurruñar si se puede festejar. Mira el cuadro en su conjunto. ¿Qué ves? Di la verdad: ¿ves al hijo pródigo o ves al padre misericordioso? Porque la parábola quizá más conocida del Evangelio ha encumbrado al hijo y su gesto de arrepentimiento, pero el verdadero protagonista es el padre. ¿Te lo imaginabas así, anciano con luenga barba blanca? No sé qué edad tiene en el cuadro de Murillo ni la que tiene en el pasaje del Evangelio de Lucas, pero está bien imaginarlo de edad provecta, porque tú y yo sabemos que los años nos vuelven más sabios y por ello, más comprensivos. La intransigencia de la juventud se va tornando indulgencia en la edad madura. Un padre anciano sabe disculpar defectos en los hijos con los que no hubiera transigido algunos atrás atrás. El padre amaba a su vástago.

Y ese amor del Padre era anterior a cualquier acción que llevara a cabo el hijo. Era incondicional, desmedido e inagotable. Así es el amor de un padre terrenal, cuánto más ha de ser el amor del Padre eterno. El hijo nació del amor de sus padres, engendrado en un acto de gozo y su alumbramiento los colmó de felicidad. Por amor vino al mundo y con amor lo recibieron. Amor para acunarlo, amor para alimentarlo, amor para educarlo, amor para corregirlo, amor para reprenderlo, amor para amarlo. Tú y yo somos criaturas del amor. Y el amor de nuestros padres no es nada al lado del amor del Padre. Creó el mundo por amor, dispuso la naturaleza con sus propias leyes físicas para que desembocara su obra creadora por los siglos de los siglos hasta llegar a esta meditación. El amor del Padre -no importa si lo sientes o no- nos ha traído hasta aquí.

Itinerario espiritual

Te propongo un itinerario espiritual por los cuadros que Bartolomé Esteban Murillo pintó para la iglesia de San Jorge de la hermandad de la Santa Caridad. En el cuarto centenario de su nacimiento, te sugiero una peregrinación de palabra por sus lienzos y lo que significan, como una catequesis itinerante en torno a las siete obras corporales de misericordia que la hermandad quiso que vistieran las paredes del templo como las páginas de un catecismo abierto a todo el mundo. A lo largo de la única nave se disponen seis cuadros con escenas bíblicas del Antiguo y el Nuevo Testamento completados con el retablo del altar mayor en el que se exhorta a los fieles a enterrar a los muertos con el propio entierro de Cristo, descendido de la cruz, obra escultórica de Pedro Roldán con pinturas de Valdés Leal y Murillo. Al fin y al cabo, la hermandad de la Santa Caridad se fundó para dar cristiana sepultura a los ajusticiados y a los ahogados, esos invisibles a los que nadie quería prestar un último servicio.

Vamos a empezar por "El regreso del hijo pródigo". Tengo que advertirte que no seguiremos ningún orden ni cronológico ni de disposición desde los pies de la iglesia al altar, que es la manera natural de contemplarlos. Nuestro camino lo va a marcar únicamente la fidelidad al primer anuncio de Jesús como salvador. La Buena Noticia proclamada a través de la obra pictórica de Murillo, ese es el empeño que tenemos por delante. Una vez leí en un comentario al Cantar de los Cantares: "Sólo se puede proclamarlo de verdad, cuando al menos una vez, se ha recibido el beso del perdón en profundidad". Créeme si te digo que yo lo he experimentado de veras. Sigue leyendo si te seduce mi propuesta.

El regreso del hijo pródigo, la conocida parábola que leemos en el Evangelio de Lucas, le sirve al artista para explicar mediante una imagen fácilmente reconocible la obra de misericordia de vestir al desnudo. Los otros seis cuadros de la serie son "Abraham recibe a tres ángeles" como reflejo de la obra de misericordia de dar posada al peregrino; "La curación del paralítico en la piscina de Bethesda" para mostrar la visita al enfermo; "La Liberación de San Pedro" que muestra la visita a los cautivos; "La multiplicación de los panes y los peces" para recordar que hay que dar de comer al hambriento; y "Moisés haciendo brotar agua de la roca" para la misericordia de dar de beber al sediento.

Aquí está el hijo pródigo, no desnudo pero sí vestido de harapos en los que se adivinan unas calzas de brocado hechas jirones mientras se cubre torpemente el torso con unos lienzos blancos en los que se envuelve no del todo porque el hombro derecho queda al descubierto, lo mismo que los pies descalzos. Esta indumentaria de circunstancias contrasta con los ropajes que el criado porta en la bandeja para precisamente cubrir la desnudez del hijo regresado a casa: una túnica verde turquesa en la que apreciamos alamares con hilo de oro. Lujo y ostentación en abierto contraste con las ropillas del protagonista.

El segundo criado entabla un diálogo con el portador de las vestiduras a propósito de un anillo que exhibe con la mano derecha conforme a la literalidad del versículo evangélico. Ello explica también la presencia a la izquierda del cuadro del niño que entra en escena con un novillo, suponemos que bien cebado, que es el que el padre manda matar para agasajar a su hijo perdido haciendo fiesta en la casa.

La fidelidad del perrito

El primero que hace fiesta es el perrillo faldero que, sobre las patas traseras, pugna por lamer al hijo pródigo, al que ha reconocido a pesar de los andrajos. Recuerda a Argos, el perro de Ulises que lo descubre en su regreso a Ítaca a pesar del disfraz, sólo que, en el cuadro murillesco, el can está desmitificado: apenas un chucho de poco peso que juguetea con el dueño al que hacía tanto tiempo que no veía. Menea la cabeza, mueve nervioso el rabo, ladra con ladridos de alegría y gira sobre sí mismo. Resulta que el perro humaniza la escena que Murillo ha plasmado en su lienzo.

Ese perro es la viva imagen de la fidelidad. Las estatuas fúnebres de dignatarios y aristócratas incluían en la Edad Media un perro a sus pies como alegoría de la fidelidad que mantuvieron en vida a su señor. El animal nunca abandona a su dueño y se regocija con su vuelta. En su sincera alegría, en su fidelidad probada a lo largo del tiempo en que el dueño ha estado ausente, está resumida la estampa entera: el perrillo no guarda memoria de los motivos que empujaron al hijo a partir ni alberga reproche alguno por pulirse la herencia ni le cabe rencor por la fiesta en su honor.

El perro, que pone la nota naturalista con el novillo que asoma el testuz por la izquierda del cuadro, añade alegría y, sobre todo, ternura al momento, esa mirada compasiva que Murillo reservaba para los personajes que pintaba y que aquí derrama intensamente sobre el hijo pródigo y su amoroso y providente padre. La escena pictórica la completan el hachero, con el arma de despiece al hombro, otra criada con una niña pequeña en segundo plano y la inquietante figura del ángulo superior derecho, casi en penumbra, que llama la atención casi tanto como la emotiva escena del hijo arrodillado implorando perdón a su padre misericordioso.

¿Quién es el personaje sombrío?

Ahí está, ajeno a todo lo demás que sucede en el cuadro con una mirada penetrante en dirección al momento de la reconciliación entre el padre y el hijo. Está por detrás de los criados que han acudido presurosos a la llamada del padre y han cumplido sin rechistar sus órdenes de traer las mejores galas, matar al novillo cebado y enjoyar al hijo que estaba perdido y ha vuelto.

Tampoco Rembrandt dejó claro sus personajes secundarios en la interpretación de esta misma escena, pero podemos descifrar su misteriosa personalidad gracias al libro "El regreso del hijo pródigo" del sacerdote holandés Henri J. M. Nouwen.

No tenemos posibilidad de saber por qué Murillo lo pintó en el cuadro aunque de un modo que no puede robarle sitio a los verdaderos protagonistas: el reencuentro por un lado, con una fuerte carga emotiva, y los ropajes con que se atiende en último extremo al programa iconográfico ordenado por la hermandad de la Santa Caridad.

Pero su comportamiento en segundo plano nos invita a pensar en que se ha movido entre bambalinas antes de que el pintor inmortalizara la escena imaginaria: ha preguntado a los criados después de volver de sus quehaceres y se ha encarado con su propio padre porque nunca le ha ofrecido un banquete como el que está disponiendo para el hijo disoluto que ha dilapidado su parte de la herencia en tierra extraña.

No cabe duda de que se trata del hermano mayor, que en la parábola evangélica, se nos presenta lleno de resentimientos hacia el benjamín y tan soberbio como para afearle la conducta a su propio progenitor, de venerable edad, que ha pasado todo el tiempo esperando ver aparecer a su hijo perdido. No sabemos si el hermano llegó a unirse a la fiesta con que se dio gracias por la vuelta del hijo pródigo porque el evangelista no nos saca de dudas.

Tampoco Murillo, evidentemente, que lo sitúa en un discreto segundo plano pero clavando la mirada en el gesto de su padre. ¿Qué es lo que le incomoda de esa situación? Se siente postergado, ese sentimiento tan común que experimentamos con tanta frecuencia y que tan mal sobrellevamos. El hermano mayor se cree con derechos, pero el perdón del padre hacia el hijo tarambana nace de la gratuidad. Y él, que siempre se ha portado bien, que ha cuidado de la heredad y trabaja en lo que dicta su padre, se siente acreedor de un recibimiento como mínimo idéntico al que están dispensando a su hermano, que él considera con menos merecimientos para recibir tales honores. Su actitud recuerda nuestro propio comportamiento cuando nos consideramos privilegiados por nuestra cercanía a Dios y con motivos más que sobrados para obtener la salvación.

La mirada torva del personaje sombrío del cuadro es justo nuestra propia actitud cuando miramos por encima del hombro a quienes han llegado a la fe después de un largo camino de vuelta. Cuando nos sentimos en posesión de un derecho de primogenitura para heredar el Reino de los Cielos como si se tratara de una escritura pública otorgada ante notario a la que tenemos derecho por haber llegado antes a la presencia del Padre: "prior in tempore, potiur in iure". Pero el perdón es gracioso: no tiene precio ni puede intercambiarse por nada. El penitente que se acerca al confesionario cumple la penitencia impuesta en señal de agradecimiento por el perdón recibido, no como el pago de ninguna cantidad de oraciones vocales con las que expiar el pecado. En cierto modo, el penitente se reviste de la gracia divina.

Ropas nuevas, pecado viejo

El hijo pródigo llega al encuentro con su padre vestido de pecado. ¿Cuál es esa indumentaria? A la vista está: las calzas de damasco que advertimos nos hablan de un tiempo pretérito en el que fueron vistosa vestimenta para subrayar su posición social y el aprecio que le dispensaba su familia para usar prendas tan caras. Pero esos ropajes están hechos jirones, sucios y desgastados porque en toda su huida hacia los placeres mundanos, podemos imaginar que nunca se los haya lavado. Ni siquiera cuando ejerció el oficio de porquerizo y suspiraba por las algarrobas que los marranos, animal impuro para el pueblo judío, comen hozando.

Así están las calzas bermejas con las que Murillo induce a pensar al espectador que se trata de una familia aristocrática puesto que el color rojo era el habitual que usaban los nobles coetáneos del artista. Pero ahora la prenda está deshilachada e inservible: no denota la clase nobiliaria a la que pertenece el joven sino que da cuenta de los usos innobles que ha tenido a lo largo de su azarosa aventura lejos del padre. Y tampoco hay jubón digno de tal nombre sino unas vendas de lienzo blanco en las que se enrolla pero que poco pueden proteger de las inclemencias del tiempo, del frío invernal o del calor asfixiante del verano.

En realidad, el hijo pródigo está revestido del pecado, porque es así como el mal roe las virtudes con que nos presentamos ante los demás y la dignidad con que nos vestimos. Deshace los vestidos nuevos y vistosos para convertirlos en harapos que ni cubren las vergüenzas ni dan calor al cuerpo aterido. El mal, en sus múltiples manifestaciones, es una polilla que rae las prendas hasta hacernos sentir desnudos, exactamente como se sintieron Adán y Eva en el paraíso terrenal una vez comieron del fruto del árbol prohibido.

Lo que el padre le ofrece al hijo es, en primer lugar, un abrazo de reconciliación, un gesto de cercanía y de afecto para inmediatamente proceder a vestirlo con las nuevas galas del reencuentro. San Pablo exhortaba a los efesios a revestirse con las armas de Dios para sobrellevar los estragos del enemigo. Pero esas armas no incluyen yelmo ni peto ni espaldar como las armaduras medievales, sino una vestidura blanca como la lana blanqueada en la sangre del Cordero, como dice el profeta Isaías y anuncia el Apocalipsis. La ropa con que se viste al desnudo es el manto de la caridad.

Los pies sucios

Para el espectador del siglo XXI, la planta del pie izquierdo renegrida del hijo pródigo no supone ningún escándalo. La representación del feísmo, incluso con cierto regodeo en lo deforme, lo sucio o lo abyecto está presente en nuestro arte de la posmodernidad. Pero para un espectador del siglo XVII, ese pie sucio en primer plano de la imagen a la fuerza tenía que chocarle. Le había sucedido a Caravaggio, varias décadas antes, cuando compuso las plantas sucias de los humildes devotos arrodillados ante la Virgen del Loreto. Murillo recoge esa corriente naturalista del arte y la actualiza en la figura del hijo pródigo al que su deambular descalzo por los caminos polvorientos de vuelta a casa le ha hecho llegar con los pies sucísimos. En la bandeja donde el criado trae las vestiduras se aprecian también unas sandalias para calzarlo.

En la cultura hebraica, el lavatorio de los pies no era algo simbólico: era la primera muestra de hospitalidad hacia quien pisaba los umbrales de la casa. Y de esa labor se encargaba el criado de más baja consideración, de ahí el mensaje impactante que Jesús transmite a sus apóstoles congregados para la última cena pascual cuando se ciñe la túnica y se agacha para lavarle los pies con gran indignación y airada reacción de Pedro. A la vista está que todavía no ha dado tiempo de lavarle los pies al hijo pródigo, puesto que la escena que recrea Murillo se produce fuera del palacio que habita la familia, tal como dice la letra del Evangelio de Lucas, en el que refiere que el padre salió al encuentro nada más atisbarlo en lontananza como hacía todos los días desde su partida. Pero nada de eso importa.

Qué hubiéramos pensado de un padre distante y altivo que se niega a recibir a su propio hijo tanto tiempo extraviado hasta que lo hayan lavado, perfumado y vestido. Qué insensibilidad. El gozo de la reconciliación no es algo que se pueda diferir ni pueda retrasarse como quien pone el champán a enfriar: es contagioso, mueve al perdón, al abrazo, a la demostración efusiva de amor, que es lo que está diciendo el cuadro.

Dónde estoy

Retrocedamos en el tiempo. Porque esos pies negros habrán dado muchos tumbos. ¿De dónde viene el hijo pródigo? Físicamente, resulta imposible saberlo. Pero espiritualmente, claro que lo sabemos. Hemos recorrido ese camino muchas veces. Unas veces hemos llegado más lejos y otras apenas nos hemos desviado por una trocha para enseguida volver al Camino de Verdad, donde está la Vida. Pero claro que sabemos lo que es estar alejados.

Dónde estoy. Eso fue lo primero que pensó el hijo pródigo en su destierro, cuando suspiraba por las algarrobas que comían los cerdos. Imagina lo que esta imagen despertaría en la sensibilidad de los judíos que se la escuchaban a Jesús. Dónde estoy. Nosotros lo decimos de un modo más castizo: qué hago yo aquí. De repente, una luz se enciende en tu interior -a mí me ha pasado, seguro que a ti también- y te preguntas: qué caramba, qué diantres estoy haciendo yo tan lejos de mi casa.

Hay otros "dónde estoy" en la Biblia. Mira. En el Génesis, Dios se dirige a Adán después de haber comido del fruto prohibido y lo primero que le pregunta es "¿dónde estás?". Y el primer hombre confiesa: "Oí tu ruido en el jardín, me dio miedo porque estaba desnudo, y me escondí". Yo también me escondía de su voz. Hasta que me pregunté dónde estoy y decidí que era la hora de volver al hogar.

Recuerdas a Moisés, seguro. La zarza ardía sin consumirse en el monte Horeb y le entró la curiosidad, se acercó y entonces pudo escuchar la voz divina que lo llamaba por su nombre. Entonces, respondió: "Aquí estoy". ¿Dónde estás tú? Adán se escondía de la voz de Dios, Moisés se presenta sin miedo. Aquí estoy, Señor, casi sin tiempo de respuesta, como un resorte. El hijo pródigo, sin embargo, se ha tomado más tiempo para meditar la respuesta. Primero, ha tenido que preguntarse eso mismo: dónde estoy. Y luego examinar a conciencia la distancia que lo separa de su padre como un dolor inmenso y agudo que le aguijonea por dentro. Y sólo después, con gran dolor de corazón, decirse en voz alta que se arrepiente, que se pondrá en camino y que llegará donde está su casa: "Padre, he pecado contra el cielo y contra ti..."

Padre e hijo

En realidad, vestir al desnudo -el propósito del cuadro para cumplir con el programa iconográfico de la hermandad de la Caridad- es una excusa para Murillo, que sitúa en primer plano el abrazo paternofilial en que se sustancia el regreso del hijo pródigo. Nada de lo que ve el espectador es gratuito: el padre permanece de pie, pero inclinado para abrazar al hijo, sobre un estrado o un escalón que le sirven al recién llegado para postrarse. Hincado de hinojos, implora perdón con las manos entrelazadas a la altura del esternón, cerca del corazón, que podemos intuir dolorido por sus muchos pecados en todo este tiempo alejado de la casa del padre.

La pintura sigue de modo casi literal el relato de la parábola evangélica y su trasposición espiritual resulta sencilla en extremo. El dramatismo de la escena queda acentuado con el diálogo entre las dos miradas que llegan a juntarse. El hijo tiene fijos los ojos en el rostro de su padre como los esclavos tienen fijos los ojos en las manos de su señor. El joven recién regresado ignora el resto de la escena, ni se inmuta por los ricos vestidos ni intuye a su espalda la entrada en escena del novillo. No hay nada que lo distraiga de su único foco de atención, que es el semblante del padre. Éste, por su parte, le devuelve la mirada, en este caso complacida. Donde el hijo denota ansiedad por obtener el perdón paterno, el padre denota benevolencia. Donde el hijo presenta un rictus contraído y la boca entreabierta, el padre presenta placidez. Suponemos que el hijo ha empezado a salmodiar el discurso que ha venido rumiando desde lejos: “Padre, he pecado contra el cielo y contra ti, no merezco llamarme hijo tuyo...”

Pero al rostro del padre no asoma ninguna muestra de desconcierto ni de contrariedad. Sólo hay pasión filial, amor a su hijo perdido y encontrado. El padre -lo vemos en el cuadro- no dice nada. Y lo dice todo con ese abrazo cálido, amplio, abierto, con los brazos ahuecados para abarcar al hijo en toda su extensión, con las manos abiertas tocando la piel desnuda.
Son manos huesudas y nervudas en las que el tiempo ha dejado su huella. Pero manos acostumbradas a abrazar, a hacer confortable el gesto y a transmitir afecto, con las palmas abiertas que no ocultan nada ni se crispan ni empuñan.

El padre acoge, abraza, estrecha, prohija, abarca, ciñe, comprende... ama. Porque el amor del Padre se sobrepone a todo, a los hijos malcriados que salen respondones y a los ingratos que se creen los favoritos. El amor del Padre salta por encima del tiempo y del espacio, supera los agravios, disuelve los enfrentamientos, suprime los rencores, vence los resentimientos, tolera los disgustos, comprende las razones, perdona las ofensas, corrige los errores, endereza lo que está torcido.

El amor del Padre salta a la vista. Murillo quiso componer en el padre anciano la mirada compasiva que la Caridad perseguía inculcar en sus hermanos. Una mirada llena de la misericordia inacabable, indestructible e infinita del Padre. Como el padre misericordioso sale al encuentro del hijo pródigo, Dios te espera cada día. No importa lo lejos que te hayas ido ni el tiempo que llevas fuera, no importa los harapos que vistas ni lo sucio que estén los pies. No importa nada de eso. Porque, por encima de todo, Dios -tu Padre- te ama.

Oración

Señor y Dios nuestro, Cristo desnudo en la Cruz, que comprendamos que las penas del mundo fueron soportadas por Ti en tu pasión y muerte. Concédenos revestir con actos de amor y caridad las miserias y tristezas de nuestros prójimos.

Por nuestro Señor Jesucristo, tu Hijo, que vive y reina contigo en la unidad del Espíritu Santo y es Dios por los siglos de los siglos.

Amén

La liberación de San Pedro (Murillo, 1667)

"Este es el ayuno que yo quiero: soltar las cadenas injustas, desatar las correas del yugo, liberar a los oprimidos, quebrar todos los yugos"
(Is 58, 6)

Hch 12, 1-19

"Dichosos vosotros cuando os insulten y os persigan y os calumnien de cualquier modo por mi causa. Estad alegres y contentos, porque vuestra recompensa será grande en el cielo". Aquí está Pedro, la piedra sobre la que se ha edificado nuestra Iglesia, insultado, perseguido, calumniado y aherrojado por la causa de Cristo. Encarcelado, oprobiado, vejado. Los sacerdotes y los escribas le prohibieron que proclamara la Buena Noticia del Evangelio, pero no puede dejar de hacerlo: "¿Es justo ante Dios que os obedezcamos a vosotros más que a él? Juzgadlo vosotros. Por nuestra parte no podemos menos de contar lo que hemos visto y oído".

Es su misión, y ya nadie le va a apartar de ella. Pedro ha probado la cárcel por desobedecer a los ancianos y al Sanedrín. Pero no puede dejar de anunciar a Jesús: "Hay que obedecer a Dios antes que a los hombres. (...) Testigos de esto somos nosotros y el Espíritu Santo, que Dios da a los que lo obedecen".

En el trazo de Murillo, es el mismo Pedro de los ojos anegados de lágrimas penitente que el pintor facturó en 1685 para su protector el canónigo Justino de Neve y que a la muerte de éste pasó como legado al Hospital de Venerables Sacerdotes. Idéntica barba blanca, idéntico cráneo, idéntica robustez de manos y brazos a pesar de la edad. Es el mismo Pedro en ambos cuadros.

El Pedro encarcelado por anunciar a Cristo es el mismo apóstol de la Transfiguración que no quiere bajar del Tabor, de esa gloria al alcance de la mano y que quiere hacer perdurar construyendo tres tiendas. Es el mismo apóstol que ve confirmada su misión por tres veces -como dictaban las leyes judías- tras la pesca milagrosa a orillas del lago de Tiberíades: "¿Me amas?", le pregunta Jesús, y a cada respuesta -tres como tres fueron las veces que lo negó- le replica: "Apacienta mis ovejas".

Lo que no le exime del sufrimiento. En el lienzo que nos ocupa, Pedro está en la cárcel por apacentar a las ovejas del rebaño de Cristo. Pero antes estuvo en otra cárcel: la de sus tres negaciones. En esa prisión ya hemos estado. En el penal donde decimos no conocer al Galileo. Yo no lo conozco. ¿Te acuerdas la última vez que lo pensaste? Yo no sé de qué va eso, no me cuento entre sus seguidores, mujer, qué tengo que ver con los discípulos de Cristo, déjame en paz.

Y después, cuando alguien te dice -no hace falta que sea de palabra, basta con una mirada, con un gesto- pues yo te he visto en misa..., ¿pero tú no eras nazareno de esa hermandad? Nos falta tiempo para poner tierra de por medio -bueno..., algunas veces, sí..., de chico me apuntaron mis padres..., la verdad es que no sé qué pinto yo allí...-, no vaya a ser que nos confundan.

Después de eso, ya no queda más trinchera que la identidad: no soy como ellos. ¿Como quién exactamente? Como los hombres y mujeres piadosos, como los devotos, como las beatas, como los que celebran misa a diario, como los que invocan al Espíritu Santo en la adversidad, como quién exactamente. Pedro también negó ser uno de sus seguidores. También se quitó de en medio, también se escabulló, también se puso de perfil. Como yo me ponía, no creas.

Estamos ante un cuadro que excede de su propósito inicial. En 1667, hace más de 350 años, ya colgaba este lienzo de los muros de la iglesia de la Caridad junto con el de "Abrahán y los tres ángeles" con el que hace juego de pared a pared. Murillo ilustra la visita a los presos que la Iglesia propone como obra corporal de misericordia con un episodio que rebasa esta acción benéfica hacia el recluso puesto que supone la redención del cautivo, en este caso, el apóstol Pedro, encerrado en una cárcel de Jerusalén por orden de Herodes Agripa, tal como relata el evangelista Lucas en los Hechos de los Apóstoles.

El capítulo 12 cierra la primera parte de este libro del Nuevo Testamento con el martirio de Santiago y el encarcelamiento de Pedro, al que se refiere aquí Murillo: "Hizo pasar a cuchillo a Santiago, hermano de Juan. Al ver que esto agradaba a los judíos, decidió detener también a Pedro". Eran los días de los Ácimos, nos dice el autor de los Hechos con interés por relacionar la intervención divina en la liberación del apóstol con la fiesta de origen agrícola que conmemoraba la liberación del pueblo elegido de su esclavitud en Egipto.

En tiempos de Jesús, esta fiesta, celebrada durante el mes de Nisán, ya se había unificado con la de la Pascua (Pésaj), de índole pastoril en sus comienzos hasta hacer un calendario festivo de una semana en la que se proscribe la levadura, símbolo de la corrupción para los judíos, por lo que se comen panes ácimos en recuerdo de la marcha precipitada del pueblo elegido escapando de la férula de Faraón cuando hubo pasado el ángel exterminador.

El relato bíblico revela incluso las intenciones de Herodes Agripa I, tetrarca de Perea y Galilea y sucesor de Herodes el Grande, de presentar al pueblo a Pedro después de las fiestas de Pascua, de donde es fácil deducir que su internamiento iba a durar más de una semana. La víspera de su conducción al tribunal, se produce el hecho prodigioso que relata el cuadro de Murillo y que la Iglesia festejaba el 1 de agosto hasta que Juan XXIII decretó la extinción de la festividad.

Antecedentes pictóricos

Murillo conocería, sin ninguna duda, dos ilustres precedentes de este episodio relatado en los Hechos de los Apóstoles. Juan de Roelas, pintor flamenco que se afincó en Olivares (Sevilla), la había plasmado en 1612 por encargo de la hermandad de sacerdotes de San Pedro ad vincula radicada en la parroquia de San Pedro. En el cuadro de Roelas, Pedro está muy próximo al ángel libertador, siguiéndolo tal como le ha ordenado, a punto de subir una escala para escapar.

El otro precedente es el de Valdés Leal, quien completaría el programa iconográfico de la Caridad con sus jeroglíficos de las Postrimerías en el sotocoro de la iglesia. Valdés Leal había recreado en 1665 para la Catedral de Sevilla la escena de la liberación milagrosa del primer sumo pontífice con mucho más dramatismo del que había compuesto Roelas y, sobre todo, con una espléndida exhibición de colorido y luminosidad en la figura del ángel libertador, revestido de luz.
Entre medias, el mismo pasaje lo había visitado también José de Ribera, El Españoleto, con una obra fechada en 1639 en la que acentuaba el dramatismo al separar las figuras en una diagonal que prácticamente ocupa toda la superficie del óleo del ángulo superior derecho al inferior izquierdo. Ribera explota el claroscuro y la contraposición de luces. Este cuadro y su pareja, “El sueño de Jacob”, mundialmente conocido, fue adquirido por la reina Isabel de Farnesio (mujer del primer borbón en el Trono español, Felipe V) en la creencia de que los había pintado Murillo, lo que da idea del éxito que había adquirido el pintor sevillano en menos de medio siglo.

Sin embargo, volviendo al cuadro de la Caridad, estilísticamente Murillo está mucho más cerca de Valdés Leal que de El Españoleto. Ambos pintores sevillanos reúnen a San Pedro y el ángel en el centro de la escena, liberando los márgenes para componer el resto del relato de los Hechos de los Apóstoles.

Pedro, sobresaltado

Lo primero que destaca en el cuadro a primera vista es el intenso diálogo que advertimos entre Pedro y el ángel, con una intensidad dramática que recuerda la de Cristo y el tullido en otro de los cuadros de la serie de la Caridad. El ángel tiene las alas desplegadas conforme a la creencia comúnmente aceptada, un cuerpo vigoroso y un rostro abiertamente juvenil. Viste una túnica bermeja como de seda por la especial movilidad que el artista le ha dado a sus pliegues que deja al descubierto el hombro derecho y parte del pecho.

El apóstol tiene la boca entreabierta que permite imaginarlo desdentado ya por la edad y el gesto contraído que contrasta abiertamente con la placidez que denota el semblante del apóstol. La tensión de la pintura remite directamente al texto bíblico, que revela que el mensajero divino tocó a Pedro en el costado para despertarlo. El rostro que Murillo compone para el primer Papa de la historia refleja también el sobresalto de quien se despierta del sueño en mitad de la noche por una circunstancia inesperada. Porque Pedro dormía.

Pedro dormía y “la Iglesia oraba intensamente a Dios por él”. He aquí una de las claves de este pasaje, como expuso en una bellísima página catequética Benedicto XVI en una de sus audiencias de los miércoles: “La fuerza de la oración incesante de la Iglesia se eleva a Dios y el Señor escucha y realiza una liberación inimaginable e inesperada, enviando a su ángel”, decía el sucesor de San Pedro en 2012. A primera vista, siguiendo su razonamiento, resulta extraño que Pedro se eche a dormir en la prisión, pero en esa actitud, el Papa emérito descubre “tranquilidad y confianza; se fía de Dios, sabe que está rodeado por la solidaridad y la oración de los suyos, y se abandona totalmente en las manos del Señor”.

Es esa confianza en la Providencia, saberse totalmente en sus manos para todo lo que pueda ocurrir, la que induce a dormir a pierna suelta incluso en una situación tan adversa como la noche previa a su puesta a disposición ante el juez. De inmediato, la mente trae al recuerdo el final del salmo número 4 titulado “El reposo del justo”: “En paz me acuesto y enseguida me duermo, porque tú sólo, Señor, me haces vivir tranquilo”.

Si se permite la humorada, Pedro no tenía dificultades para conciliar el sueño, como había quedado de manifiesto en el angustioso momento de la oración en Getsemaní y el posterior prendimiento. Brusco e impetuoso como nos lo presentan los evangelios, no sería hombre de cavilaciones ni de insomnios como los que atormentaron a otro sucesor suyo al frente de la Iglesia, San Juan XXIII, en los meses siguientes a su convocatoria trascendental del Concilio Vaticano II. Hasta que traspasó su responsabilidad al Espíritu Santo y pudo dormir como un bendito.

Así descansa Pedro: en calma. Pero su comunidad ora por su liberación. "Insistentemente". Que es tanto como decir sin desmayo. No es difícil imaginar que la Iglesia de Jerusalén estuviera en vigilia de oración mientras el propio Pedro dormía complacido sin mayor preocupación. La noche, con su oscuridad, es tiempo propicio para el espíritu, para invocar a Dios sin distracciones. También supone una prueba, un obstáculo que hay que vencer si se quiere estar prevenido, como el propio Jesús recuerda en no pocas de sus predicaciones:

"Estad atentos, vigilad: pues no sabéis cuándo es el momento" (Mc 13, 33) Nada más verse liberado de las cadenas, el discípulo se dirige a la casa de una de las fieles "donde había muchos reunidos en oración". La intercesión por Pedro ha dado sus frutos: el poder de la oración se manifiesta en una prodigiosa redención que, para el espectador del cuadro del siglo XVII, remitía directamente a la redención salvífica de Cristo en la cruz.

Los guardias, dormidos

No sólo Pedro duerme en esa noche decisiva en la que se juega su futuro. Sus guardianes también lo hacen. Y así lo refleja Murillo con todo lujo de detalles. En esto sigue la composición de Valdés Leal, que también había incluido a soldados en penumbra. A la izquierda del cuadro, a la derecha de Pedro, apreciamos un soldado con yelmo y espaldar recostado sobre los antebrazos apoyados en el basamento de una columna a base de sillares (de fuste en el caso de Valdés Leal) de piedra, más en consonancia con el recuerdo del nombre del apóstol.

Sobre el pilar, apreciamos una alabarda (arma ofensiva muy evolucionada sobre el pilum de las legiones romanas que remotamente puede servir de antecedente) de la época y un pequeño fanal en el que un cabo de vela proporciona la luz suficiente para que apreciemos el detalle del astil y la hoja de media luna con que se remataba esta poderosa arma de guerra. Leemos en los Hechos: "Estaba Pedro durmiendo entre dos soldados, atado con cadenas". Y, en efecto, el artista ha situado al segundo centinela detrás, ya en completa penumbra sin que la luminosidad que desprende el ángel -"De repente, se presentó el ángel del Señor, y se iluminó la celda"- y que es el foco lumínico del cuadro le arrebate ningún resplandor a la armadura como sucede en el caso del primer vigilante.

¿Por qué Pedro se despierta turbado mientras nada saca del sueño a sus celadores? ¿Cómo es que ese fulgor angelino no despierta a los captores y sí al recluso? Una respuesta en el plano catequético diría que la visión de los ángeles y la luz que irradian no se aprecia con los ojos físicos sino con el alma, pero ni aun así lograríamos explicarlo. Algo así debió sucederle también a la guardia que los sanedritas arrancaron a Pilato para custodiar la tumba de Arimatea donde enterraron a Cristo, usualmente representada durmiendo echada en el suelo como hace el propio Murillo en su cuadro de la Resurrección en los fondos del Museo del Prado.

En cualquier caso, los custodios romanos del sepulcro escaparon con mejor suerte que los guardianes de San Pedro: los primeros conservaron la vida y se embolsaron, según el Evangelio de Mateo que es el único que lo relata, una fuerte suma por propalar la especie de que sus partidarios habían robado el cuerpo del Nazareno; los segundos, resultaron procesados por Herodes y ejecutados sin miramientos por haber dejado escapar al prisionero.

Escenas superpuestas

Pero no fue ningún resplandor el que sacó al apóstol de su somnolencia. El relato de Lucas especifica que el ángel tocó a Pedro en el costado aunque aquí, en el cuadro de Murillo, la mano del mensajero celestial reposa sobre el antebrazo como queriendo conducir al apóstol hacia la salida, que indica con la otra mano. Se trata de un momento posterior al primer sobresalto. En concreto, cuando el ángel transmite a Pedro la primera de sus órdenes: "Date prisa, levántate". La mano derecha del apóstol apoyada en el suelo invita a pensar en el movimiento de incorporarse tal como lo ha apremiado su libertador.

La inserción en miniaturas o en segundo plano de escenas posteriores al motivo central del cuadro era un recurso explotado por los artistas y por los espectadores que contemplaban las obras, pero no es el caso. Murillo, sin embargo, dispone inteligentemente los elementos necesarios para que su obra pueda leerse con fidelidad al texto neotestamentario que le sirve de inspiración.

Así, a la derecha, justo por donde marca la mano izquierda del ángel e inteligentemente se sitúa, con todo rigor literal, el punto de fuga de la composición, apreciamos sobre un peldaño a otros dos celadores dormitando, cubiertos con el casco y el astil de una pica apoyada contra la pared. Lucas especifica en su texto el número de vigilantes que había dispuesto el tetrarca: cuatro piquetes de cuatro soldados cada uno. Más aun, especifica que "los centinelas hacían guardia a la puerta de la cárcel". Y eso justamente es lo que vemos a la espalda del ángel.

Cadenas, grilletes y cepo

Mérito del artista es incluir la narración de su liberación, que es por su propia naturaleza dinámica, en una obra estática. Ello lo consigue con la simultaneidad de elementos que aparecen en el cuadro. Ya lo hemos comentado a propósito de la disposición de las dos parejas de guardias en el sopor de la noche. Pero hay más. Las cadenas, sujetas a una gruesa argolla cogida a la pared, están ya en el suelo, una vez se le han caído de las manos a Pedro como especifica el texto. Los grilletes están abiertos y el cepo de madera de la derecha insinúa el tormento al que lo sometían en la ergástula de Herodes.

El apóstol, vestido con los colores que lo identifican plásticamente, tiene la túnica abierta sin ceñir. Los judíos daban muchísima importancia al acto de ceñirse, litúrgico en el caso de los servidores del templo. Ceñirse era sinónimo de aprestarse, era el primer preparativo para echar a andar, puesto que la túnica holgada entorpecía los movimientos y podía hacer que su portador tropezara. Aquí, en el relato de su liberación, Pedro todavía se ciñe solo y va donde quiere. No como le anuncia el Maestro en el remate del Evangelio de Juan: "Cuando eras joven, tú mismo te ceñías e ibas donde querías; pero cuando seas viejo, extenderás las manos, otro te ceñirá y te llevará adonde no quieras". Al martirio, por ejemplo.

A su derecha, en primer plano junto a los eslabones, las sandalias del pescador. No es un capricho del artista ni un recurso dramático, sino expresión de la segunda instrucción del ángel: "Ponte el cinturón y las sandalias". Así como el cíngulo tenía una connotación marcadamente espiritual, pues predisponía a quien lo usaba a aceptar la voluntad divina, el calzado contiene un matiz puramente terrenal: es indispensable para moverse por el mundo.

Todavía le susurra el ángel una tercera orden a Pedro -"Envuélvete en el manto y sígueme"-, motivo por el que observamos el manto sobre su regazo. Después, la puerta de hierro se abre -eso justamente le está indicando el ángel, mostrándole el camino- y él huye.

La cárcel de hoy

Cuando Murillo pintó este cuadro, la piratería berberisca hacía de las suyas en las costas levantina y andaluza mediterráneas. Mercedarios y trinitarios se encargaban de la redención de cautivos siguiendo un procedimiento reglado en el que los frailes negociadores del rescate de los cautivos debían dar cuenta de hasta el último real de vellón que empleaban para liberar a quienes estaban “amarrados al duro banco de una galera turquesa, ambas manos en los remos y ambos ojos en la tierra”, según los versos de Góngora.

Hoy el cautiverio es otro. La cárcel de la que tenemos que escapar es el pecado. Un presidio lúgubre y frío en el que el alma pena sola y desasistida. A menudo, me da por pensar que el pecado vuela los puentes a través de los cuales nos relacionamos con Dios y con nuestros hermanos, hasta convertirnos en islas: un archipiélago de hijos descarriados de Dios. Hasta que alguien, muy agudamente, me corrigió la observación: somos nosotros los que volamos los puentes y, de resultas, nos aislamos en el pecado.

Aislados. En el presidio, estamos solos. Exactamente como Pedro encerrado en la mazmorra. Sólo que el portalón de hierro se puede abrir desde dentro. Desde el corazón si te duele y confiesas tus pecados. Tú puedes escapar de esa cárcel en la que tú mismo te has encerrado en solitario si logras esquivar los piquetes de guardia que son tus propios sentimientos para cortarte el paso: la soberbia, el orgullo herido, la vanidad insatisfecha, la suficiencia...

Huir del calabozo

Esos cancerberos que te asaltan cuando estás dispuesto a correr el cerrojo para huir de ese calabozo interior tan frío que no hay manera de calentar el alma: tú dónde vas; qué te has creído; si no hiciste nada, la culpa es del otro; así no vas a llegar a ninguna parte; tienes que imponerte, que hacerte respetar; que dé él el primer paso...

A Pedro lo liberó el ángel. Dos veces. Mira tu vida, mira a tu alrededor: ¿cuántos ángeles crees que te han visitado desde que tienes conciencia para sacarte de donde no quieres salir? Y no dos veces, sino muchísimas más. Abre la cancela oxidada de tu corazón y escapa de la prisión insondable del pecado.

Huye del pecado. Nos lo recuerda San Ambrosio, el maestro de San Agustín en la sede de Milán: "Huyamos de aquí. Puedes huir en espíritu, aunque sigas retenido en tu cuerpo; puedes seguir estando aquí y estar ya junto al Señor, si tu alma se adhiere a él, si andas tras sus huellas con tus pensamientos, si sigues sus caminos con la fe y no a base de apariencias, si te refugias en él, ya que es el refugio y fortaleza. (...) Huyamos pues, como los ciervos, hacia las fuentes de las aguas ".

Huye. Sal de esa cárcel lúgubre en que tu alma yace aherrojada. Rompe de una vez, por Dios, con las cadenas de tu pecado.

Oración final:

Señor Dios nuestro, fuente de la misericordia y el perdón, danos la gracia de perdonar como Tú mismo nos perdonas. Inspíranos sentimientos de compasión para asistir a los que el mundo condena sin juzgarlos; que tratemos a todos con misericordia para alcanzar tu infinita misericordia.

Por nuestro Señor Jesucristo, tu Hijo, que vive y reina contigo en la unidad del Espíritu Santo y es Dios por los siglos de los siglos.

Amén.

Multiplicación de los panes y peces (Murillo, 1671)

"El les contestó: 'Dadles vosotros de comer'" (Lc 9, 13)

Jn 6, 1-15

Les diste pan del cielo que contiene en sí todos los deleites. Pan del cielo. Pan de vida.

Creció el trigo con el sol de junio dorando las espigas. Lo segaron las cuadrillas agachadas con ristras de ajos por la cabeza y sombreros de paja para evitar el sofocante calor del verano. Agavilladas las espigas, las llevaron en el carro tirado por la fuerza bruta de los bueyes a la era donde los dientes del trillo descerrajaron la cárcel vegetal en que se encerraba el tesoro que despaciosamente había germinado. Luego aventaron con el bieldo, a un lado la paja y al otro el grano y lo llevaron al molino para que la rueda los moliera. Triturado, el trigo se convirtió en harina y la harina, amasada con el sudor de la frente de los panaderos entrada la madrugada en la tahona, se horneó a fuego vivo. Por la mañana, se despachó.

Así nace el pan de los hombres. Entre fatigas y dolores. Arrancado de la tierra desde que el labriego trazó el surco hendiendo en el suelo áspero la reja del arado. Pasó el sembrador y una parte de la semilla cayó en el camino y la picotearon los pájaros; otra parte cayó entre abrojos y las zarzas ahogaron la plantita; sólo una mínima cantidad cayó sobre el almorrón y dio fruto. Hasta ciento por uno. El pan de los hombres lleva en sí el sacrificio y la entrega de cuantos lo han hecho posible. Por eso sabemos lo que cuesta ganarlo. Por eso la muchedumbre espera sentada que la alimenten. "Comerás el pan con sudor de tu frente".

Fíjate en la mujer de la derecha. Abajo, en el borde inferior del cuadro que Murillo pintó para la Caridad como primera obra corporal de misericordia: dar de comer al hambriento. Lleva un turbante de lienzo en la cabeza, tendrá el pelo recogido en un rodete y parece que tiene la boca sumida, probablemente porque le falten dientes, como era habitual en la época. Apoya la cabeza en la mano derecha de la forma más paciente del mundo. Le han ordenado sentarse y se ha sentado. Le han ordenado esperar y eso hace. La mira el bebé en brazos de su madre y ella lo ignora. A su espalda, un pastor inclinado sobre el cayado charla en animosa conversación con alguien, ajenos a todo lo demás.

Primer plano

La vieja del pan lo mismo la podríamos haber contemplado friendo huevos (más bien pochando), en el conocido cuadro de Velázquez. Pero no. Aquí está inmóvil, impertérrita, inexpresiva. Paciente. Espera que le repartan el pan. Murillo quiere que nos fijemos en ella. Por eso la sitúa de perfil lo más cerca posible del espectador: es el extremo más cercano al presbiterio. Quiere que nos fijemos bien en ella. Porque seguro que la conocemos, porque seguro que le encontramos parecido con alguien que conocemos. Una tía del pueblo, la suegra de un amigo, la madre de un vecino… Y a su lado, un bebé que intuimos inquieto, marineando por el costado de la madre arriba y abajo con los pies por encima de la cadera, dando guerra. También tiene hambre. Y quiere comer. Lo mismo que su madre, con el rostro vuelto hacia donde se está produciendo la escena principal.

Todos tienen hambre. Tú también tienes hambre. Aunque hayas merendado tan ricamente. Aunque el médico te haya puesto a dieta por sobrepeso. Aunque te sobren unos cuantos kilos. Tienes hambre, pero no del pan de los hombres. Sino del pan del cielo, que contiene en sí todos los deleites.

Eso es otra cosa. Cae del cielo. Sin esfuerzo. Sin fatigas ni sudores. Sin arar la tierra, sin implorar la lluvia, sin separar la cizaña, sin cosechar a hoz, sin aventar el grano, sin moler la harina, sin formar la masa, sin encender el horno. Es un regalo que hace Dios a los hombres.

El maná del desierto

Durante cuarenta años, el pueblo elegido sació su hambre con el pan del cielo que llovía cada noche. Al alba lo recogían, ni más ni menos que el que a cada uno le cabía. Cada día tenían su ración. Si acaparaban, se corrompía. Seis días lo recogían cada mañana y al séptimo descansaban. Salían a recogerlo en grupo. Como están sentados en el impresionante lienzo de la Caridad: más de cinco metros de tela pintada que la codicia francesa desechó rapiñar precisamente por su descomunal tamaño. "A tu pueblo, en cambio, lo alimentaste con manjar de ángeles, y les mandaste desde el cielo un pan preparado sin esfuerzo, lleno de toda delicia y grato a cualquier gusto. Este sustento revelaba a tus hijos tu dulzura, pues se adaptaba al gusto de quien lo tomaba y se convertía en lo que cada uno quería" (Sab 16, 20-21).

Dios es providente y se preocupa de que cada jornada nos alcance nuestro pan de cada día. Sin acaparadores. Sin que nadie lo tenga que comer solo. Murillo logra este efecto disponiendo en sucesivos planos grupos de personajes secundarios, como figurantes de una película en que hay movimiento de masas, hasta donde alcanza el horizonte. Ya lo había ensayado con anterioridad en otra obra suya que cuelga en Santa María de las Nieves: "El patricio revela su sueño al papa Liberio". También en ese lienzo, hacia 1665, se agolpa a la izquierda del cuadro el gentío: más de cinco mil hombres, sin contar mujeres ni niños. Por eso pone en primer plano justo a la madre con su chavalillo y la anciana desdentada.

Herrera el Viejo y Murillo

La composición es deudora de otra interpretación del mismo milagro que llevó a cabo Francisco Herrera el Viejo a principios del siglo XVII y que ahora cuelga en la Academia de Bellas Artes de San Fernando en Madrid. Murillo seguro que la conocía, probablemente porque el propio Miguel Mañara se la habría propuesto quizá como inspiración para el colosal óleo que cuelga de la nave de la epístola (izquierda mirando de los pies al altar) de la Caridad. En ambas obras pictóricas están los apóstoles arracimados la izquierda del cuadro en torno a la figura central de Cristo mientras la zona derecha la ocupa la multitud en sucesivas bancadas siguiendo las curvas de nivel de la ladera. También el apóstol del manto amarillo aparece en ambos cuadros de la escuela sevillana, motivo evidente de que Murillo retomó la escena donde la había dejado su predecesor. Pero lo que en Herrera el Viejo es hieratismo e idealización, en Murillo se ha trocado en naturalidad y espontaneidad. Más que un signo evangélico, nos está proponiendo una escena campestre, una jira festiva y despreocupada.

Compadecido de la multitud

El pueblo se había congregado esperando a Jesús. Lo esperaban. Jesús se había retirado a orillas del mar de Galilea después de la ejecución del Bautista. Necesitaba retirarse. Es humano. Le había dolido la muerte de Juan, el que lo había bautizado aunque no fuera digno de atarle las sandalias. Necesitaba reposo, por eso se aparta. Pero el gentío estaba allí y la tarde declinaba. ¿Habría que despedirlos en ayunas sin nada que comer?

Jesús se compadece de esa multitud que lo sigue. Los apóstoles se dan cuenta y humanamente se plantean una solución. Es lo primero que se nos pasa por la mente. Imagina la escena: el cuchicheo de los discípulos comentando entre ellos cómo disponerlo todo para alimentar a los reunidos. Murillo los coloca a contraluz, marca de la casa. En cuanto cayeran en la cuenta, empezarían a preguntar de grupo en grupo si alguien tenía comida. A la izquierda los vemos discutiendo la solución entre ellos. Están los doce en torno a Jesús. Haciendo cálculos, con el corazón encogido por la carga que representa toda aquella gente que espera una solución, planteándose una salida. Exactamente como haríamos tú y yo.

Jesús es la solución

¿Dónde está la solución? La solución, ahora lo sabemos, está en Jesús. Él va a resolver la situación. Un escollo de más de cinco mil personas hambrientas sin contar mujeres ni niños. Seguro que te estás imaginando los sudores fríos de Felipe, el apóstol, cuando Jesús le pregunta "para probarlo", porque de más sabía cómo iba a acabar todo este asunto: "¿Con qué compraremos panes para que coman estos?". Y el apuro de su respuesta, tan alicorta como las que podamos dar tú y yo: con doscientos denarios no hay suficiente. Eso era una cantidad astronómica: la traición de Judas, recuérdalo, se ajusta en treinta monedas de plata, que era la ley en la que se acuñaba el denario. Equivalía a diez ases, que era asimilable al precio de una pieza de pan. Doscientos denarios darías pues para dos mil bollos pero ni con eso cabrían a algo más que un mendrugo por cabeza.

El denario -el salario de un día, aproximadamente- equivaldría hoy a unos 6,60 euros. Murillo cobró por este cuadro 13.300 reales de vellón, algo así como 3.325 pesetas, el equivalente a 20 euros en moneda constante. Deja volar tu imaginación y siéntete inmensamente rico: con lo que llevas en la cartera ahora mismo habrías pagado el lienzo majestuoso con el que la rapiña del mariscal Soult no pudo arramblar. Y con la paga del mes habrías resuelto el apuro en la orilla del Tiberiades. Pero los apóstoles no tenían entonces cartera ni cuenta corriente: Jesús, cuando los envía en parejas, les prohíbe llevar encima túnica de repuesto, ni dinero en la faja, ni siquiera zurrón.

En medio del atolladero, Andrés le echa una mano a Felipe. Si no tenemos dinero para comprarlo, apelemos a la caridad. Hoy diríamos a la solidaridad. La explicación racionalista de este signo de la multiplicación de los panes y los peces atiende precisamente al reparto, a cómo la actitud generosa de compartir lo poco que cada uno tiene desata una corriente contagiosa que acaba superando las estrecheces colectivas. Si ese niño no hubiera aportado los cinco panes y los dos peces que presenta, nadie hubiera comido aquel día. Su gesto desencadenó la verdadera y genuina solución del problema.

Buscando una solución

Porque todas las soluciones que se nos hubieran ocurrido habrían sido vanas. Alguien habría propuesto hacer magia, prestidigitación para entretener a los que iban a quedarse sin comer: engaño del estómago con el embeleco de los sentidos. O alinear las energías positivas de la mente para crear la sugestión colectiva de la pitanza. Pero sin probar bocado, claro. O decretar una jornada de ayuno obligatorio por mandato del Gobierno o una huelga de hambre revolucionaria en apoyo de la oposición. Lo que fuera, pero comer no iba a comer nadie allí. Reconozcámoslo: cualquier solución que hubiéramos adoptado no habría satisfecho a la multitud. Porque ninguna es integral, radical ni definitiva. De hecho, eso es lo que nos pasa en nuestros días: que nada contenta a todo el mundo. Las soluciones que tenemos a mano en nuestra vida no nos satisfacen ni a nosotros mismos.

Estamos inapetentes porque ya no nos sacia el hambre nada y quedamos insatisfechos aunque tengamos el estómago lleno y la alacena repleta y no nos falte de nada. Porque no es de esa hambre material de la que estamos hablando. No es de pan de los hombres de lo que estamos faltos sino de pan del cielo, de la Palabra que llena.

Volvamos al cuadro. Como en el texto evangélico, la gente aguarda pacientemente. No hay rastro de inquietud en esos personajes secundarios, ni un conato de algarada, ni una turba amotinada exigiendo su pan como le aconteció a Moisés en el desierto. Le reprochaban que los hubiera rescatado de Egipto para dejarlos perecer en medio del desierto. Hombres de poca fe. Mejor no imaginar qué sucedería en nuestros días con una muchedumbre hambrienta aguardando un reparto de comida. Siempre recuerdo el relato que mi padre hacía de los camiones del Socorro Rojo y luego Auxilio Social repartiendo pan por las calles de Huelva antes y después que los caballos del Apocalipsis desbocados asolaran la geografía patria. Pero en el cuadro nadie parece inmutarse. ¿Por qué?

Quizá, como me pasó a mí, has pasado por alto lo primero que dice Jesús en el relato joánico después de comunicarle que todo cuanto tienen son cinco panes y dos peces: “Decid a la gente que se siente en el suelo”. Y el evangelista añade otro detalle en apariencia irrelevante: “Había mucha hierba en aquel sitio”.

Murillo lo expresa de modo magistral: la gente está cómodamente instalada, recostada como era entonces la costumbre para comer. Y con hierba abundante donde echarse. Seguro que ya se te ha venido a la mente el salmo 23: “El Señor es mi pastor, nada me falta, en verdes praderas me hace recostar, me conduce hacia fuentes tranquilas”. Sí, aquí está el pastor procurando el alimento para su rebaño, echada en una pradera verde de alta y fresca hierba, la grey que ansía el sustento cotidiano que toma de su mano generosa. Empezando por la generosidad del muchacho, dispuesto a compartir lo que tiene a mano.

El chiquillo churretoso

Murillo le dedica al muchacho la misma mirada compasiva que hemos visto en otros cuadros. Ocupa el espacio central de la composición, compensando las masas de la izquierda con el punto de fuga del horizonte de la derecha. Diríamos que la figura del muchacho es la bisagra sobre la que se articulan las dos mitades del cuadro: la mediación prodigiosa de Cristo y el rebaño hambriento en la tierra feraz. Descubrimos en esos pies churretosos la imagen de la sencillez de quien ofrece lo que tiene a mano para saciar al prójimo.

Es un chiquillo rubicundo que está entregando los dos pescados. Ha confiado en Jesús porque se lo han pedido sus apóstoles y ahí está dando cuanto tiene, poniendo sus dones al servicio de los demás, no importa para lo que den y para lo que sirvan. ¿Tú también los entregas, sean muchos o pocos tus panes y tus peces, o te los reservas para ti? Te dejo pensarlo un ratito.

Parecen sábalos por lo plateados que se ven los lomos y la aleta caudal redondeada. En la Sevilla de los tiempos de Murillo, no había manera de comer otro pescado que no fuera de río porque el viaje de la costa a la capital corrompía los frutos del mar. Los sollos, los esturiones, son de mayor tamaño y las truchas viven en ríos de agua limpia y fría. Tienen pinta de sábalos, que remontaban el Guadalquivir para desovar. Aquí están los dos peces con los que va a comenzar el reparto. El chavalillo los trae en una cesta sabalera que se confeccionaban trenzando mimbres en el mercado de la calle Feria.

Es tentadora esta idea, ¿verdad? Porque supone que Felipe y Andrés, tú y yo, podemos conseguir lo que nos proponemos. Y que todo está al alcance de nuestros buenos propósitos, ¿no es así? Si cada uno aporta lo poco que tiene, al final tendremos mucho. La fortaleza del grupo, la seguridad que aporta la cohesión, la certidumbre de que los propios planes bastan para salir adelante.

Jesús da gracias a Dios

Pero esa explicación racionalista nos hurta gran parte de la enseñanza del cuadro y del pasaje evangélico que lo motiva. Jesús, nimbado con aureola, ha tomado los panes en su regazo. Se los está pasando Felipe, con idénticos colores iconográficos del evangelista Juan. Son hogazas de pan candeal, conviene no confundir con el canto de medio, que es tan hispalense como la rosca. El pan blanco, originario de Valladolid, se había extendido desde mediados del siglo XVI por Andalucía, donde era notable la abundancia del trigo. Citaré como fuente de autoridad al mismísimo Fénix de los Ingenios: “Pan de Gandul de mi vida / roscas de Utrera del cielo”.

Es pan de miga prieta como nuestro bollo sevillano. No de flama. Ni de cebada como reza el Evangelio: el pan de cebada era el que comían los pobres, más barato y más basto. Así era en sus orígenes la hogaza, el "pan de harina mal cernida, propio de gañanes y pastores que lo amasaban y cocían entre la ceniza". Luego, el término quedó fijado para panes blancos de más de dos libras (870 gramos) como los que presenta Murillo.

Y con la mano derecha se atisba el inicio de una bendición mientras tiene los ojos levantados al cielo: "Jesús tomó los panes, dijo la acción de gracias y los repartió". O sea, que antes de multiplicarlos, los dividió. Antes de la comunión, en la misa, el oficiante parte la hostia consagrada. La fracción del pan -dividir el Cuerpo de Cristo- es anterior a la comunión. No es álgebra de lo que te estoy hablando, sino de caridad. De tanto amor por los que nada tienen que se hace preciso que los que tenemos mucho lo dividamos.

La multiplicación de los panes y los peces es un signo del cielo. Al pueblo israelita lo sostuvo Yahvé en el desierto alimentándolo con el maná y ahora, al pueblo seguidor de Cristo, Dios lo vuelve a sostener con un pan de balde, como profetizaba el profeta Isaías: "¿Por qué gastar dinero en lo que no alimenta y el salario en lo que no da hartura? Escuchadme atentos y comeréis bien, saborearéis platos sabrosos".

El pan de vida

De modo que los cinco panes y dos peces dan de sí para que se sacie aquel gentío. Tanto que sobra. Al principio, son cinco los panes como cinco son los libros del Pentateuco, la ley mosaica que guiaba al pueblo elegido de Israel. Al final, "llenaron doce canastos con los pedazos" como doce son los apóstoles elegidos para llevar la Buena Noticia. No están puestos ahí esos números al tuntún.

Fueron los apóstoles los encargados del reparto. A Jesús no le hubiera costado nada -hecho lo más difícil, como es multiplicar el sustento- que cada grupo hubiera dispuesto de pan y pescado al minuto, pero encarga a los apóstoles que lo repartan: “Dadles vosotros de comer”. El primer encargo a su Iglesia: ejercer la caridad. Sin preguntar de dónde venían ni a qué, ni por qué seguían al Maestro. Si estaban allí, sentados, se habían hecho acreedores a participar en el festín, prefiguración del banquete eucarístico en el que a nadie se le exigen credenciales ni se le pregunta por sus motivaciones: ven y verás. Se comparte lo que se tiene.

El Papa Francisco lo tiene dicho: “Nosotros tenemos que ir a la eucaristía con estos sentimientos de Jesús, es decir, la compasión y la voluntad de compartir. Quien va a la eucaristía sin tener compasión hacia los necesitados y sin compartir, no está bien con Jesús”. Alto y claro.

De manera que somos sus seguidores, discípulos de Cristo, los encargados de continuar repartiendo el pan a los pobres. Y hay tantos pobres... La tentación es pensar que sólo precisan de sustento material. La tentación, como le sucedió a los apóstoles Felipe y Andrés, es pensar que nos bastamos para encontrar la solución, que somos capaces de dar de comer a cinco mil o de acabar con el hambre en el mundo si nos lo proponemos. “No sólo de pan vive el hombre, sino de toda palabra que sale de la boca de Dios”, respondió Jesús al Maligno Enemigo que lo tentaba. También nosotros tenemos que repetirlo. Sin una conversión verdadera que nos vuelva hacia Dios, todo se nos queda en buenas intenciones. El cielo está empedrado con ellas.

Banquete eucarístico

Te dije antes que este cuadro y su pareja -“Moisés haciendo manar el agua de la roca de Horeb”- son los que están más cerca del presbiterio. Que es tanto como decir del altar. No el de ahora, sino el original, bajo el sagrario, adosado al altar de cuando la misa se celebraba no de espaldas al pueblo, sino de cara a Dios.

Porque el cuadro y la enseñanza de la obra de misericordia que encierra y la escena evangélica que la ilustran hacen referencia a la eucaristía, el culmen de la vida cristiana, la fuente nutricia de la que vive el espíritu con Cristo presente de manera real, efectiva y total en cuerpo, alma y divinidad. El evangelista Juan coloca el pasaje de la multiplicación de los panes y los peces inmediatamente antes del discurso en Cafarnaún del pan de vida: "Yo soy el pan de la vida. Vuestros padres comieron en el desierto el maná y murieron; este es el pan que baja del cielo, para que el hombre coma de él y no muera. Yo soy el pan vivo que ha bajado del cielo; el que coma de este pan vivirá para siempre. Y el pan que yo daré es mi carne por la vida del mundo".

Jesús es la solución. Y todos estamos invitados a participar de ese banquete con el pan vivo que ha bajado del cielo. Quizás te veas a ti mismo en el grupo de la derecha: dejemos de lado la vieja desdentada que no parece muy apropiada para establecer comparaciones, pero la madre con el niño a cuestas, el hombre recostado sobre el cayado, el muchacho paciente, a esos sí que no nos importaría parecernos... En cualquiera de ellos te ves, pero donde realmente estás es en el grupo de la izquierda. Si compartes el pan de Cristo, el que Dios Padre ha dispuesto para que coman sus criaturas, te corresponde a ti repartirlo.

Dice la exhortación postsinodal "Sacramentum caritatis": "Pensando en la multiplicación de los panes y los peces, hemos de reconocer que Cristo sigue exhortando también hoy a sus discípulos a comprometerse en primera persona: «Dadles vosotros de comer» (Mt 14,16). En verdad, la vocación de cada uno de nosotros consiste en ser, junto con Jesús, pan partido para la vida del mundo".

Pan partido para los demás. Pan repartido para el prójimo. Pan triturado como decía San Ignacio de Antioquía con el que quiero terminar hoy allí mismo donde empecé, en el molino de la vida donde la espiga se hace harina: "Soy trigo de Cristo y quiero ser molido por los dientes de las fieras para convertirme en pan sabroso a mi Señor Jesucristo".

Oración final

Señor Jesucristo, Pan Vivo bajado del Cielo, danos diligencia para alimentar a los hambrientos y danos hambre del Sacramento de tu Cuerpo y tu Sangre, sacrificio y presencia, prenda de la Gloria futura. Concédenos la gracia de amarte, desearte, adorarte y recibirte en el Santísimo Sacramento del Altar, y que el don de tu sacramento aumente en nosotros la virtud de la cardad.

Por nuestro señor Jesucristo, tu Hijo, que vive y reina contigo en la unidad del Espíritu Santo y es Dios por los siglos de los siglos.

Amén

La curación del paralítico (Murillo, 1668)

"Él soportó nuestros sufrimientos y aguantó nuestros dolores" (Is 53, 4)

Jn 5, 1-16

¿Te has parado a pensar qué pasaría si aceptaras a Jesús como el salvador de tu vida? Así, de sopetón. Él está dispuesto a salvarte. ¿De qué? Sólo tú y Él lo sabéis. Quizá de un corazón necrosado, incapaz de amar, como esos músculos infartados que siguen trabajando a sólo un porcentaje de su capacidad. Quizá de un corazón alambrado, protegido con tanto alambre de espino para que nadie pueda hacerle daño, que se lo hace él mismo al menor roce. Quizá de un corazón duro como de piedra, incapaz de latir con el padecimiento del prójimo, incapaz de convertirse. Quizá de un corazón arrítmico, que fibrila al compás del estrés y las angustias del trabajo, la pareja, los hijos... incapaz de marcar un ritmo sostenido y firme.

¿Te has parado a pensar qué hubiera pasado si el paralítico que pintó Murillo hubiera recelado de Jesús como salvador de su parálisis? Si se hubiera extrañado de aquel sujeto que caminaba seguido de un grupito de discípulos por entre las figuras de la piscina de Betesda y no lo hubiera aceptado como su salvador. ¿Te has parado a pensar cuántas veces has visto a Jesús paseando por tu vida cotidiana dispuesto a echarte una mano sólo si tú se lo pides y aceptas su intervención?

¿Te has parado? ¿O es que acaso el problema es que llevas demasiado tiempo postrado en el mismo sitio, paralizado año tras año, día tras día, esperando? ¿Qué es lo que realmente esperas?

El relato de la curación del paralítico en la piscina de Betesda ilustra la obra de misericordia de visitar y atender al enfermo. Y lo primero que sorprende es que Murillo, para cumplir el encargo de la Caridad, va más allá de lo que manda la Santa Madre Iglesia como si quisiera sobreabundar la misericordia en ese hospital mandado construir por Miguel Mañara. Aquí, la visita al enfermo está superada por la propia curación del paciente. Exactamente lo mismo que sucede con las otras tres obras de las naves de la iglesia con que hace juego: no basta con visitar al preso, sino que procede su liberación; no basta con vestir al desnudo, sino que procede su rehabilitación; no basta con hospedar al peregrino sino que es el mismo Dios el que se aloja. De modo que los cuatro cuadros están pasados de rosca como si el autor quisiera imponer apabullando la idea motriz que le ha empujado a escoger los pasajes evangélicos. Todos van más allá del inicial compromiso que buscaba exhortar a los fieles al cumplimiento de las tareas con que debe acompañarse la fe para que surta efecto salvífico tal como había declarado el Concilio de Trento para combatir la "sola fides" de la Reforma protestante.

La curación del paralítico ilustra el pasaje contenido en Jn 5, 1-16. Ninguno de los sinópticos recoge esta escena tal cual nos las describe Juan: Jesús visita la piscina Probática, llamada Betesda en hebreo, esto es, casa de la misericordia o de la gracia. El nombre de probática deriva del probaton griego con que se denominaba a las ovejas que entraban a la ciudad por la puerta de ese nombre en la muralla septentrional de Jerusalén. Por tanto, la piscina de Betesda era el lugar donde los sacerdotes lavaban los corderos que se inmolaban en el templo. Lo cual, a nadie se le escapa, tiene connotaciones teológicas innegables: el agua para limpiar de inmundicias y el cordero destinado al sacrificio son temas que la Nueva Alianza va a actualizar con otro sentido, ya latente en la ley mosaica.

Desde un punto de vista formal, la escena que presenta Murillo es de una claridad manifiesta. Basta comparar con la misma representación que el Tintoretto hizo de esta escena evangélica para darse cuenta de que el genial pintor sevillano está supeditando la composición y el trazo de los personajes a lo que dicta literalmente la Escritura. Lo que en el pintor veneciano es pretexto para un festival de escorzos y estudios del cuerpo humano, en Murillo es sometimiento al discurso teológico subyacente en el cuadro. Murillo sabe que no tiene que excederse porque el propio recuerdo que suscita la imagen en el espectador ya lo hará por él.

Precedentes flamencos

El profesor Diego Angulo, referencia imperecedera en el universo murillesco, consideraba que la escenografía de este cuadro remitía a una lámina flamenca de la que los soportales de la piscina probática están casi calcados. Sólo se aprecian dos arcos de los cinco que el Evangelio señala y confirma la arqueología. San Agustín consideraba que el número de los arcos podía interpretarse como los cinco libros de la ley de Moisés (Pentateuco) incapaces ya de proveer sanación: "Pero aquellos libros estaban ya lánguidos y no curaban, porque la Ley convencía a los que pecaban, pero no los absolvía", puede leerse en "Tractatus in Joannem".

A su vez, el especialista Benito Navarrete, en su obra "Murillo y las metáforas de la imagen", relaciona la "adlocutio" de Jesucristo con una estampa de Luc Vorsterman I titulada "Las marías en el sepulcro" en el que un ángel con parecido ademán al del Cristo del lienzo de la Caridad da a conocer la resurrección de Cristo a la Magdalena, María Salomé y María Cleofás.

El cuadro que nos ocupa muestra a Jesús en el centro, de pie, vestido con túnica penitencial morada. El evangelista no nos aclara qué fiesta se celebraba en Jerusalén, pero bien pudiera ser la de Pentecostés, cincuenta días después de la Pascua, en que se presentaban primicias de las cosechas agrícolas. Cristo, nimbado, mantiene la mirada baja en dirección al segundo protagonista, en la diagonal principal con que está compuesto el cuadro, con quien entabla un diálogo visual y de gestos bastante elocuente. Jesús tiene una mano más adelantada que otra, pero ambas están ofreciendo las palmas abiertas al enfermo en el suelo, en el ángulo inferior izquierdo de la composición.

En este caso, Murillo reserva la mirada compasiva para el mismo Cristo, que observa con infinita dulzura al enfermo que aguarda su salvación. Los ojos bajos, el rostro sin ninguna contracción que denote fatiga ni fastidio, ni cansancio de tantas manos que imploran una salvación a su caso, ni asco de cuerpos lacerados, sólo misericordia hacia el que sufre, tumbado de espaldas.

A la derecha de Jesús -a nuestra izquierda-, un trío de apóstoles un paso por detrás como esos grupos de residentes que acompañan al médico titular en su paseo por las camas en los hospitales actuales. Murillo se encarga de personalizar a los personajes secundarios de sus composiciones con una maestría digna de mención. Distinguimos a Pedro, por sus colores del manto, y a Juan, por idéntico motivo y la mosca que lo acredita como el más joven de los discípulos, pero no somos capaces de distinguir al tercero. Tampoco el Evangelio de San Juan en el que se inspiró el autor de la obra pictórica dice nada al respecto para sacarnos de dudas.

Esas masas compactas a la izquierda del cuadro están compensadas con una perspectiva airosa con gran profundidad en la que Murillo, a decir del profesor experto Diego Angulo, hace un alarde desdibujando gradualmente al conjunto de personajes en segundo plano alrededor de la piscina probática, de la que contemplamos dos de los cinco soportales a los que se refiere el evangelista. La escena se completa con un pequeño rompimiento de gloria que deja ver la figura de un ángel en el cielo que, de tiempo en tiempo, bajaba a remover las aguas del estanque desbordándolo. El primero que lograba entrar en el agua quedaba sano de sus males.

“¿Quieres quedar sano?”

Naturalmente, los lisiados necesitaban de ayuda externa para poder introducirse en el agua sanadora y es justo así como Murillo pinta a todos los personajes secundarios del cuadro. Todos tienen por lo menos un acompañante que cuida de ellos y los alista para darse el baño de salvación. Todos menos uno, precisamente el paralítico al que Jesús se dirige para hacerle una pregunta con toda la trascendencia: "¿Quieres quedar sano?" A menudo decimos, desde el fundamento basado en la evidencia psicosomática, que la primera premisa para que el paciente se cure es precisamente que así lo desee.

Por eso no está de más la pregunta de Jesús al tullido. Equivale a decirle: realmente, estando aquí solo, cómo quieres curarte. Porque la sanación -la del cuerpo y la del alma- necesita primero de la determinación del enfermo y después de la cooperación de alguien que se apiade de su situación, está claro.

Pero antes de todo esto, antes de que alguien lo ayude, es preciso responder a la inquietante pregunta de Jesús: "¿Quieres quedar sano?" Es una invitación formal. ¿Quieres que te salve?, ¿quieres que transforme tu vida y tu experiencia de cuanto te acontece, sea lo que sea?, ¿quieres que me convierta en tu Salvador? Quien todo lo puede, todo lo sabe y todo lo ve, se humilla como cuando murió en la cruz redentora para preguntarle a un pobre lisiado si quiere que actúe. Y esa misma turbadora cuestión te la está planteando a ti también en idéntica actitud de sumisión: "¿Quieres quedar sano?", ¿quieres que entre en tu vida y te salve de los peligros que te acechan aun sin darte cuenta o quieres mantenerme al margen, confiado en tus propias fuerzas, persuadido de que puedes con todo? Tú decides si aceptas a Jesús como tu salvador.

El tullido solitario

El paralítico de Betesda lo aceptó. A la primera. En el cuadro de Murillo, el paralítico está solo. Y puede que abandonado. No hay más que ver las pocas pertenencias que podemos atribuirle: está tumbado sobre una litera de juncos (quién sabe si de enea) destrenzados. Sobre ese lecho, un jergón de rayas (parece un desgastado talit, el manto ceremonial de flecos con que se cubren los varones judíos para orar) y una frazada con la que se tapa malamente el cuerpo porque tiene el torso al aire. Enrollado en la cabeza, un lienzo o una venda a modo de turbante. A su derecha, en primer plano del cuadro, una escudilla con algún resto de sopa todavía visible y un jarrillo desportillado. Completan sus pertenencias una muleta a la que ha enrollado en su estribo unas vendas de color para que no le haga rozaduras en la axila cuando las usa.

No tiene nada más. Nada material, se sobreentiende. Lleva, según el Evangelio joánico, 38 años postrado en la piscina fracasando una y otra vez a la hora de curarse porque siempre se le adelanta alguien. Pero no ha perdido la esperanza. Y eso que suma una considerable cantidad de años aguardando la curación que lo saque de su postración: cuarenta años estuvo el pueblo de Israel atravesando el desierto, sólo dos más que este hombre ha tardado en atravesar su desierto vital. Murillo pinta en escorzo a este paralítico hético y fibroso para añadir dramatismo a la escena en vivo contraste con la serenidad que deja traslucir el rostro de Cristo. Está solo pero no desesperado, por eso cuando Jesús le interroga acerca de sus intenciones, en realidad lo que está esperando es que su sí, su aceptación, desencadene el signo.

Acepta a Jesús

Lo que el paralítico esperaba era una ayuda a la escala de sus problemas: a la escala humana. Cuántas veces nosotros mismos, paralizados con un agobiante conflicto irresoluble, buscamos una ayuda humana: alguien que nos baje hasta la piscina más rápido que los demás para encontrar la sanación de nuestros males. Con qué poco nos conformamos. Eso nos da para ir tirando, para seguir en pie, que es lo que buscaba este pobre hombre.

«Señor, no tengo a nadie que me meta en la piscina cuando se agita el agua; y mientras yo voy, otro baja antes que yo". Pero ni siquiera ese contratiempo sostenido durante tanto tiempo le ha hecho desistir y ahí sigue, al pie de la piscina perseverando. Otro en su lugar ya habría dado por imposible la sanación de su parálisis. Otro -en realidad, muchos de nosotros- habríamos maldecido a los que son más rápidos o más listos o más astutos y van provistos de compañía. Pero él sigue echado esperando que el ángel remueva las aguas del estanque y le dé tiempo a entrar el primero. La constancia es virtud del peticionario, aunque sea sólo para obtener una respuesta que la aleje como le sucedió aquella viuda que importunaba al magistrado día tras día hasta que le hizo justicia a su hijo.

Y, sin embargo, el tullido va a encontrarse con una solución de una vez por todas que desborda la escala humana a la que aspiraba. No se trata sólo de que le responden las piernas y puede erguirse con la dignidad de levantar la cabeza después de tanto tiempo. Es que ese baño en el agua purificadora le ha salvado de mucho más que la parálisis motora.

Manos abiertas

Las manos del paralítico también están abiertas, implorando, suplicando, interpelando, interrogando. Como si fueran reflejo de las del Señor. Éstas en actitud de ofrendar, aquéllas en actitud de recibir. Porque nadie puede obtener nada con el puño cerrado. Tampoco sin un corazón abierto. El paralítico de la escena lo tiene esperanzado, que es la mejor manera de mantener abierta la puerta cordial. Y no sabe quién es ese personaje que pasea por el borde de la pileta, al que ni siquiera le pide ayuda material directamente sino que le expone sin aspavientos ni lamentos su situación vital: aquí estoy, tullido, sin nadie que me ayude.

La respuesta de Jesús, como siempre, rebosa gratuidad en sus dones. Porque directamente rebasa la inmersión y le dice: "Levántate, toma tu camilla y anda". San Juan Crisóstomo veía en ese gesto "la superabundancia de la sabiduría divina, que no sólo cura, sino que le manda llevar el lecho, para que se vea que era verdadero el milagro y para que ninguno creyese que era falso lo que había sucedido. Porque si los miembros no estuviesen bien fuertes, no hubiesen podido llevar el lecho".

El discapacitado acata la orden. No sabe quién lo ha curado, pero hace lo que le ha mandado. Ni siquiera se plantea por qué no ha hecho falta que el ángel de Dios removiera el líquido y entrara en contacto con él. La palabra del Señor supera la eficacia del agua sanadora. Su acción salvadora, si lo aceptas como tu Salvador, va mucho más allá del cuerpo, de la realidad mundana, de las circunstancias en que se desenvuelve tu vida. Mucho más.

La litera vacía

A la derecha del cuadro, la presencia del perro distrae al espectador de concentrarse en el detalle clave de la composición pictórica: un manto rojo y una calabaza abandonadas sobre otra litera de mimbres trenzados. Pero si no hay más personajes en la escena, ¿de quién resulta ser esa camilla vacía? El animal husmea una loseta o un reborde de distinto color como presintiendo la ausencia del dueño de la camilla cuyo olor corporal aún impregnara esa zona de la piscina. Un paciente que hubiera abandonado a la carrera el estanque una vez curado y que, en su precipitada salida, hubiera dejado atrás sus escasas pertenencias, incluida la camilla que vemos en el ángulo inferior derecho. El Evangelio joánico indica que la curación se produce en sábado, día en que los judíos tenían prohibido transportar cargas o traspasar con ellas las puertas de Jerusalén (cf. Jer 17, 21).

Pero la orden de Jesús al tullido del cuadro es clara: "Levántate, toma tu camilla y echa a andar". ¿Por qué? La camilla es una prueba evidente de la curación, lo que escandaliza a los escrupulosos cumplidores de la ley. No se atreven a reprocharle la sanación en sí a quien llevaba tantos años postrados, pero sí el hecho de que transportara el mueble contra lo establecido en la ley mosaica.

La respuesta del paralítico los deja todavía más desairados: no sabe quién es el que lo ha curado, pero, sobre todo, no ha visto motivo para desobedecer en algo tan secundario como cargar con la litera cuando le ha hecho la gran merced de devolverle la capacidad de andar.
Hay una explicación espiritual todavía más acendrada que sugirió el Doctor Iluminado Juan Taulero en el siglo XIV: la camilla que debe portar el paralítico recién curado simboliza todo aquello en lo que descansaba la vida hasta el momento de la sanación y que ahora se hace necesario movilizar como una carga penitencial tras vivir un proceso de conversión.

Salvado el espíritu

Cabe suponer que el conocimiento de los textos evangélicos de Murillo y, por supuesto, de sus comitentes de la hermandad de la Caridad sería suficiente para deducir toda esta controversia teológica subsiguiente en el relato de Juan de la camilla vacía y el perro desorientado en el ángulo inferior del cuadro.

Cuando, instigado por los judíos, va en busca de Jesús para saber quién era aquel personaje que le había deparado la sanación, se encuentra con la respuesta que no esperaba: “Mira, has quedado sano; no peques más, no sea que te ocurra algo peor”. No tientes la suerte, traducimos nosotros con nuestra particular manera de echarle agua al vino de la salvación. Pero donde de verdad pone el acento el relato evangélico es en la conversión: “No peques más”. A menudo pasa. A mí me ocurrió, te lo puedo asegurar. Busqué un amigo en quien confiar en un momento vital difícil y me encontré con Dios. Y de resultas, mi vida cambió. ¿He dejado de pecar? Qué más quisiera yo. Pero cargo con la camilla de mi postración para recordar cada día que Jesús me salvó. De mí mismo.

El ángel en la gloria

El espacio central del cuadro lo ocupa un pequeño rompimiento de gloria donde se aprecia, a lo lejos, un angelote rubicundo envuelto en ropajes celestes y blancos. Esta criatura celestial era la encargada de agitar el agua estancada que propiciaba la curación del primer enfermo que se sumergiera en la pileta. Esto tiene unas implicaciones que prefiguran, siguiendo a San Juan Crisóstomo, el bautismo sacramental de los seguidores de Cristo tal como el propio Bautista profetiza en el primer capítulo del evangelio joánico: hay una intervención de lo alto, que en el caso cristiano es el Espíritu Santo, y es necesario dejarse ayudar para tocar las aguas purificadoras tal como sucede con el neófito de corta edad conducido por su padrino hasta la pila bautismal.

El diálogo entre el paralítico y Jesús es también una prefiguración del escrutinio bautismal. Porque el inválido no se sorprende ni refuta el poder para sanarlo de su interlocutor. La Palabra basta, porque su gesto milagroso acompaña su palabra como parte de una misma revelación y cuando esto sucede, en la plenitud de los tiempos, ya sobran los mensajeros celestiales como el ángel que removía las aguas. El paralítico no ha descubierto quien le habla, pero no lo cuestiona. Sino que le explica pacientemente los motivos por los que ha sido preterido una y otra vez durante 38 años seguidos. Y le basta una palabra -como al centurión cuyo criado permanece en casa enfermo- para ponerse en marcha siguiendo la orden salvífica.

Curación en sábado

El episodio de la piscina probática desencadena una terrible controversia sobre las circunstancias de la sanación que ocupa el resto del capítulo 5 del evangelio joánico. No era lícito hacer tales cosas en sábado. “Mi Padre sigue actuando, y yo también actúo”, replica Jesús saltando por encima de los convencionalismos incluso religiosos de nosotros, los hombres. Del signo salta a la explicación de su significado: “El Hijo no puede hacer nada por su cuenta sino lo que viere hacer al

Padre. Lo que hace éste, eso mismo hace también el Hijo, pues el Padre ama al Hijo y le muestra todo lo que él hace, y le mostrará obras mayores que esta, para vuestro asombro".

Estad prevenidos. No diréis que no os ha avisado de que vendrán obras increíbles que os asombrarán. No tienen por qué ser montes que se nivelen ni mares que se sequen. Párate a pensar un instante en tu vida. En todo aquello que necesita sanación. Rencores que dabas por olvidados, resentimientos hacia quien te hizo daño, frustración por lo que has dejado escapar, ansiedad por lo que no logras agarrar... Prepárate si aceptas a Jesús como tu salvador porque no has visto ni la milésima parte de lo que puede pasar: "Lo mismo que el Padre resucita a los muertos y les da vida, así también el Hijo da vida a los que quiere".

Oración

Señor Jesucristo, médico de los cuerpos y de las almas, danos la gracia de saber ofrecerte nuestras enfermedades asociándonos al dolor de tu Pasión redentora.
Concédenos el don de la caridad para con los enfermos, para que atendiéndoles en sus males alcancemos de tu misericordia los bienes de la salvación.

Por nuestro señor Jesucristo, tu Hijo, que vive y reina contigo en la unidad del Espíritu Santo y es Dios por los siglos de los siglos.

Amén.

Moisés haciendo brotar agua de la roca (Murillo, 1670)

"Venid, benditos de mi Padre, porque tuve sed y me disteis de beber" (Mt 25, 35)

Ex 17, 3-7

En la confianza que ya nos vamos teniendo, en este capítulo te voy a desafiar: si me aceptas el envite, mira fijamente el cuadro y cuenta el número de cacharros que ves en el fastuoso lienzo con que Murillo representa la obra corporal de misericordia de dar de beber al sediento. Se trata de la plasmación de una escena del Antiguo Testamento, acaso la más representada de los ciclos iconográficos que tienen a Moisés como protagonista: "Moisés haciendo brotar el agua de la roca", que cuelga del lado del Evangelio en la iglesia de la Santa Caridad junto al presbiterio haciendo pareja con el de "La multiplicación de los panes y los peces" que ya vimos. Allí está desde 1670, que hayamos podido constatar, porque los pagos a Murillo por los seis cuadros de las obras de misericordia empezaron ese año cuando se colgó este prodigioso lienzo que se salvó de engrosar el botín del francés en 1810 por su descomunal tamaño.

Perdona, quizá con mi exordio te he distraído del recuento. Vamos a hacerlo de derecha a izquierda: el cántaro de barro rojo que el hombre vestido de verde con espada al cinto descansa en el suelo, la escudilla blanca de la que bebe ansioso el chiquillo, la cántara que el hombre de las barbas transporta sobre el hombro, la jarra de latón del barbudo que aplica la boca directamente sobre el chorro de la roca, la jícara que aproxima al reguero de agua el hombre semidesnudo en primer plano abajo, la damajuana del hombre con turbante que espera turno, el cántaro lebrijano del que bebe un sujeto erguido, el jarrillo de lata y el caldero que la moza ha llenado a dos manos, el jarrón dorado con incrustaciones de piedras preciosas sujeto con las dos manos, el búcaro que asoma justo detrás, la tina metida en las angarillas del caballo, la jarrita de cerámica que lleva en la mano el chiquillo subido al cuadrúpedo, la cántara mediana de la que está sirviendo al pocillo que la niña de las trenzas presenta con las dos manos y la tacita con la que la madre del bebé en brazos calma su sed. Me salen dieciséis recipientes para el agua que ha brotado de la roca en el monte Horeb. Y cada uno es diferente a los demás en tamaño, color, material o forma. Los hay enormes, suponemos que para una familia entera y los hay minúsculos, apenas dan para dos buchitos. Los hay de altivo metal y de humilde barro. Los hay estrechos para que no se derrame ni una gota, tan escasa, y los hay de boca ancha y generosa para verter el contenido de golpe lo más aprisa posible. Los hay panzudos y esbeltos, abiertos y anchos, altos de cuello y bajos, con asas o sin asas, blancos, rojos y parduzcos, caros y baratuchos, feos y airosos, pero a todos ellos les cabe el líquido: a unos más, a otros menos. Fíjate bien porque no hay dos iguales. Como quienes los portan: hombres y mujeres, altos y bajos, feos y guapos, nobles y plebeyos, estirados y llanos, risueños y tristes, ansiosos y calmados, pero a todos iguala la sed y el esfuerzo que están haciendo para calmarla. Unos se agachan y otros se alzan, aquél se arrodilla y éste se yergue, unos la beben directamente y otros esperan que se la sirvan, el que bebe relaja el gesto y el que no lo ha hecho todavía frunce el ceño. Pero todos han recibido la promesa de Moisés de que beberán y quedarán saciados. Y a ese compromiso del profeta se atienen todos. Cada uno con su cacharro, de barro o de metal, más pesado o más ligero, pero capaz de contener el líquido por el que suspiran.

A todos les va a llegar el agua lo mismo que a todos nos llega la gracia divina. Aquella promesa en el desierto de Cadés fue para el pueblo elegido que había salido de Egipto y deambulaba por el desierto echando de menos el agua que bebía tan ricamente bajo la esclavitud de Faraón. Pero la promesa de Jesús de enviarnos al Espíritu Santo, Paráclito dulce huésped del alma, es para todos y es para siempre. Nadie se quedará sin recibirlo si así lo desea: ya traiga a la roca de donde mana un humilde vaso de plástico o una repujada jofaina. A nadie se le va a negar ese agua que sacia la sed por el recipiente que pretenda llenar: quien quiera una garrafa, una garrafa llenará; quien se contente con un sorbito de las manos, con eso se saciará. Nada hay que señale medida máxima ni cupón de racionamiento: venid y bebed de balde porque este agua que brotó del costado de Cristo,la fuente inagotable de agua viva, lo mismo que brotó de la roca de Horeb es para todos y a nadie se le negará.

Precedente

Pero para llegar a esa conclusión, antes hay que andar un largo trecho. No tanto como los cuarenta años que el pueblo israelita vagó por el desierto hasta alcanzar la Tierra Prometida, pero casi. Sabemos que hacia 1640, esto es treinta años de que Murillo terminara su prodigioso lienzo para la Caridad, el artista italiano Gioacchino Assereto había facturado con destino Sevilla un cuadro de 2,45 por 3 metros que se conserva en el Museo del Prado en torno al mismo tema: “Moisés y el agua de la roca”. Se trata de la obra maestra de este pintor genovés y en ella aparecen muchos de los elementos que luego Murillo va a retomar casi tres décadas después: el belfo de un camello en el ángulo superior derecho, el caldero en medio del cuadro, el niño ansioso, Moisés y Aarón con los ojos vueltos al cielo, el perro canelo a la derecha, la composición de las figuras... Es tan evidente la inspiración que el profesor Alfonso Pérez Sánchez no dudaba en señalar el óleo de Assereto como “el modelo indudable del cuadro del mismo asunto de Murillo”. Diego Angulo, por su parte, habla de temas en los que resulta evidente la copia pero refuta la tesis de que se trate de una mera traslación como se pensó en el siglo XVIII. Las diferencias en cuanto a profundidad del cuadro y la maestría en el uso de las luces así lo indica.

Nuestro genial pintor sevillano bebió -qué verbo puede haber más apropiado para esta obra- de ese cuadro, qué duda cabe, pero le añadió su impronta inconfundible. Y el resultado que salta a la vista es una escena entrañablemente costumbrista, una deliciosa recreación de personajes y tipos de la época. La recientísima restauración del cuadro, presentada en abril de 2018, ha permitido recuperar bajo capas de barniz los colores y la luminosidad originales, ciertamente deslumbrantes.

Y lo que vemos impresiona. Así vestirían los sevillanos supervivientes de la gran epidemia que peste que en 1649, apenas dos décadas antes de componerse la obra pictórica, habían sobrevivido a la terrible epidemia de peste. Y así, con semejante ansiedad a la que observamos en el cuadro por saciar la sed, se comportarían los menesterosos arremolinados en torno a un reparto de lo que fuera.

Entonces, ¿qué aporta Murillo? En primer lugar, la mirada compasiva como hemos venido defendiendo en toda la serie pintada para la Caridad. Incluso los gestos desesperados por el agua de los más ansiosos están dulcificados. Hay necesidad, claro, pero Murillo nos la recubre y nos la presenta sin caricaturizar a sus personajes. El secreto de Murillo está en humanizar la escena y hacerla reconocible para el gran público. El cuadro emociona y eso era justo lo que buscaba su autor.

Pero su genio inmarcesible, su capacidad innata para despertar la ternura en el espectador, luce en el niño subido al caballo y vuelto hacia el observador que nos está presentando con la mano izquierda el sitio exacto donde se ha producido el signo revelador en la peña del Horeb hendida por Moisés. Nadie se considere tonto si al contemplar el cuadro, en vez de dirigir la mirada hacia donde marca el índice del chiquillo risueño se queda observando el dedo. Porque Murillo pone en juego ahí toda su capacidad de crear ternura y suscitar buenos sentimientos en quien contempla sus cuadros para atraer la atención del espectador. No sabemos qué más sucede en el cuadro, pero lo cierto es que hay un chaval a lomos de un caballo que nos sonríe y nos cautiva. Imposible desviar la mirada de ese rapazuelo, tipo característico del pillo que hemos visto otras veces comiendo melón o espulgándose, tan lleno de vida, tan sonriente y tan feliz. En un salto de 350 años, diríamos que en ese rostro de la felicidad advertimos la alegría del Evangelio.

Alegría desbordante

Porque de eso se trata precisamente. Los que han bebido y los que no. Los primeros están felices y alegres; los segundos, tensos y como fuera de sí. Murillo ilustra esta diferencia de un modo admirable: en los chiquillos de la derecha, suponemos que dos hermanos, disputándose la escudilla de loza con que la madre está saciando la sed del pequeño. Por detrás, el hermanillo tiene el gesto contraído, la boca abierta y una actitud corporal de atosigamiento: quien haya bebido de la fuente en el patio de un colegio durante el recreo sabrá a qué nos referimos. El que bebe, además de satisfecho, evidencia por la forma de tomar la escudilla que no las tiene todas consigo y con la mano derecha no sólo se limita a sujetar el cacharro sino que elevando el brazo a la altura del hombro está defendiendo su preciada posesión.

Esos dos chavales representan la doble actitud ante el agua: la paz y el sosiego que invade a quien se sacia y el ansia de quien todavía no lo ha hecho. Exactamente igual que le sucede al alma sedienta de espiritualidad, sólo que no nos resulta visible. Imposible no acordarse del salmo 63: “Oh Dios, tú eres mi Dios, por ti madrugo, mi alma está sedienta de ti, mi carne tiene ansia de ti como tierra reseca, agostada, sin agua”.

La transmisión de la fe

Dedica ahora un minuto a contemplar a las dos madres del cuadro. Una, a la derecha, ya la hemos visto dando de ver a los pillos. Qué calma transmite, cuánta dulzura hay en su gesto amoroso que se preocupa por sus niños. ¿Ha bebido ella ya o todavía no? Por el semblante complacido, diríamos que sí. A la izquierda del todo, hay otra madre que está bebiendo de un pocillo mientras el bebé que lleva en brazos se lanza ávidamente en pos del agua que todavía no ha catado. Completa esa parte de la escena a la izquierda de la grupa otra niñita adorable que de puntillas trata de llenar su cacharro de una cántara que derrama abundante un adulto. ¿Y no es eso mismo la transmisión de la fe?

Murillo ni siquiera podía soñar con las normas de seguridad a bordo de los aviones, inimaginables en su época, que priorizan a los adultos a la hora de usar las mascarillas de oxígeno de emergencia en caso de despresurización de la cabina. Eso es lo que vemos aquí. Las madres beben y luego reparten el agua entre su prole. Nadie sediento puede calmar la sed de quien le pide de beber por mucho tesón que le ponga.

Composición

Si se mira bien el cuadro, distinguimos como cuatro escenas en una. Dos son las escenas principales y otras dos, secundarias, contrapuestas como en un juego de simetrías entre los dos. Ambas en los extremos del cuadro, con grupos abigarrados de personas bebiendo o en trance de hacerlo. Arriba a la izquierda, asoma el camello con el que se supone que deambulaba el pueblo israelita por el desierto. A lo lejos, sobre el horizonte, en un plano lejano, una caravana con caballos y dromedarios que la restauración ha devuelto a la contemplación. Y en los dos ángulos inferiores, sendos perros. Uno aplacando la sed en el charco que se ha formado y otro, faldero, pendiente de los gestos de la chiquilla.

Murillo hace exhibición de sabiduría compositiva con un contraste magistral de luces y sombras, más evidente tras la restauración en el IAPH de la Cartuja. El motivo central está enmarcado entre dos masas compactas, una en primer plano definida por la grupa del caballo iluminada bajo la que advertimos dos carneros y otra en sombra que resalta por su imponente mole oscura -"como la proa de un buque", decía Angulo- que es la peña de Horeb en sí. En medio, Moisés y Aarón con todo su séquito a los que define perfectamente un plano de luz sumamente fuerte, hasta violento diríase.

Distinguimos a Moisés por los "cuernos" de luz que asoman sobre su cabeza. En realidad, se trata de una controvertida confusión de la Vulgata de San Jerónimo al traducir el término griego "resplandeciente" que era como se veía el rostro del profeta tras bajar del Sinaí como "quod cornuta esset facies sua". De ese "cornuta" a los cuernos con que Miguel Ángel representa al impresionante Moisés marmóreo que está en la iglesia romana de San Pietro in Vincoli sólo había un paso, pero ese trayecto marcó la iconografía del personaje durante siglos. A Aarón lo distinguimos por el pectoral y el camelauco que porta. Es la misma prenda de cabeza con que se cubre, por ejemplo, Caifás en los pasos de nuestra Semana Santa porque en ambos personajes, el hermano de Moisés y el sanedrita, se hace constar su condición sacerdotal.

Masá y Meribá

Conviene detenerse en Moisés y Aarón un instante. Porque son los verdaderos protagonistas del paisaje bíblico que inspira el cuadro, aunque ya hemos visto que el auténtico centro de la pintura es el pequeñajo a horcajadas sobre el caballo. En Números 20, 1-13, que es la versión sacerdotal del mismo hecho bíblico, el Señor castiga a Moisés y a Aarón como resolución del episodio: "Por no haberme creído, por no haber reconocido mi santidad en presencia de los hijos de Israel, no haréis entrar a esta comunidad en la tierra que les he dado". El Dios de Abrahán, de Isaac y de Jacob cumple siempre sus promesas porque sus mandatos son imperturbables. Primero Aarón en el monte Hor y después Moisés en el Nebo murieron sin pisar la tierra prometida que mana leche y miel.

Pero ahora lo que está manando es la roca del Horeb, el monte Sinaí donde Yahvé se había revelado a Moisés en la zarza que ardía sin consumirse como "yo soy". Murillo nos presenta una imagen amable del momento posterior a que aflore agua de la peña cuando todas las penurias parecen olvidadas y los sedientos se dedican a saciar la falta de líquido. Pero las cosas debieron de suceder de otro modo menos agradable. El sitio de Refidim donde los libros Éxodo y Números sitúan la acción pasó a llamarse Masá y Meribá. Masá significa tentación o prueba y Meribá, que es el nombre concreto que se le da a la fuente, significa riña o contienda.

Riña y tentación

Dice el salmo 94 que sirve de invitatorio a diario en el rezo de laudes: "Ojalá escuchéis hoy su voz: 'No endurezcáis el corazón como en Meribá, como el día de Masá en el desierto cuando vuestros padres me pusieron a prueba y me tentaron aunque habían visto mis obras'". Y el 106, un salmo penitencial de lamentación colectiva, subraya el desafío a Dios: "Lo irritaron junto a las aguas de Meribá, Moisés tuvo que sufrir por culpa de ellos; le habían amargado el alma, y desvariaron sus labios".

Así que allí hubo pendencia. El pueblo de Israel recordaba con añoranza el tiempo en que tenía abundancia de bienes materiales y acopio de víveres aunque le faltara la libertad bajo la opresión de Faraón. El desierto es siempre sitio de paso, un tránsito de conversión y depuración en el que suceden las tentaciones. Le pasó a Jesús. Y le había sucedido antes al pueblo elegido. Esa masa compacta de israelitas que había exultado de gozo cuando el Señor los hizo atravesar a pie enjuto el Mar Rojo está ahora descorazonado y hastiado de pasar penalidades. Y riñe con Moisés. Le echa en cara que no tiene qué beber. Es más, le exige a su líder que demande de Dios una solución. Total, si los había alimentado con el maná cuando iban a perecer de hambre, si les había mandado bandadas de codornices cuando echaban en falta carne, por qué no iba ahora a darles de beber. ¡Lo toman como una obligación y no una merced!

En tal situación, los pacientes israelitas que Murillo plasma de modo amable descargan su ofuscación con quien tienen a mano: Moisés. "¿Por qué nos has sacado de Egipto para matarnos de sed a nosotros, a nuestros hijos y a nuestros ganados?", le increpan. El profeta advierte el carácter despiadado de la rebelión en marcha y trata de zafarse como hacemos cualesquiera de nosotros en cuanto nos vemos en apuros, traspasando la responsabilidad. Moisés se presenta ante Yahvé y le pide una solución que le evite algo más que el mal trago por el que ha pasado: "Por poco me apedrean". Qué humana y qué contemporánea nos resulta la actitud de Moisés de ponerse a resguardo, de salvar el pellejo. Por eso Dios lo castigará sin pisar la tierra prometida.

"¿Está el Señor entre nosotros o no?"

La clave de todo el pasaje la da el versículo final. "Habían tentado al Señor, diciendo: ´¿Está el Señor entre nosotros o no?´" Es la tentación más inmediata en cuanto sobreviene la adversidad como a esos peregrinos sin agua en medio del desierto: lo más fácil es pensar que Dios los ha abandonado a su suerte y que van a morir. El Papa Benedicto XVI se lo preguntó en voz alta en el sitio más atroz que la Humanidad pueda imaginar: el campo de exterminio de Auschwitz-Birkenau. "En un lugar como éste, las palabras fallan; al final, sólo puede haber un silencio seco, un silencio que en sí mismo es un grito de corazón a Dios: ¿Por qué, Señor, permaneciste en silencio? ¿Cómo pudiste tolerar esto?"

En cuanto flaquean las fuerzas del hombre, flaquean por igual sus convicciones como ilustra el pasaje del Éxodo. Y entonces, sobreviene la tentación de exigir de Dios un milagro, una solución a nuestra escala, algo que nos reconforte. Por qué permite el sufrimiento de los inocentes, por qué consiente el mal a nuestro alrededor. No es una tentación de hace milenios, es tan real como nuestra propia existencia: ¿cuántas veces nos hemos visto tentados de entregar el libre albedrío que Dios nos ha concedido a cambio de acabar con las injusticias flagrantes que nos conmueven las entrañas?, ¿cuántas veces no nos echamos en manos de faraones despiadados con tal de ver satisfechas nuestras necesidades materiales? Y el agua en el desierto por supuesto que lo es.

Respuesta del Señor

Pero el Señor grande del Sinaí respondió de manera compasiva y misericordiosa: "Yo estaré allí ante ti, junto a la roca de Horeb. Golpea la roca, y saldrá agua para que beba el pueblo". Qué hermosa la respuesta de Dios: "Yo estaré allí ante ti". Al lado de Moisés, al lado de los desesperados, al lado de los sedientos que habían llegado a plantearse seriamente si Dios los había abandonado: "¿Está el Señor entre nosotros o no?", que fue la causa de la querella de los hijos de Israel. Y la respuesta del Señor es clara como el agua con que acalló la pendencia: "Yo estaré allí ante ti". Es una historia de fidelidad la de Dios con los hombres. De día cantamos tu misericordia, de noche tu fidelidad. Porque Dios nunca rompe su alianza, nunca deja de creer en ti o en mí aunque tú o yo dejemos de creer en Él. "Yo estaré allí ante ti" sirve para testimoniar que el lazo que une a Dios con su pueblo tampoco se va a romper por una inoportuna carencia o una egoísta riña de nuestra parte. Dios siempre está dispuesto.

Y da de beber a su pueblo. A pesar de que lo había tentado, a pesar de que lo había puesto a prueba, a pesar de que descreyera, a pesar de que dudara. A pesar de todos los pesares. Dios nunca abandona a su pueblo. Y de la roca brota el agua. Ese es el momento que Murillo plasma en su obra. Todo se da por olvidado en el justo instante en que mana el líquido vital: los pesares, las penurias, las carencias, las limitaciones, las murmuraciones… Todo se diluye en el gozo, bien visible para el espectador del cuadro, de beber. Volvamos a la obra de misericordia que da pie al lienzo: dar de beber al sediento.

Misericordia: dar de beber al sediento

Pues si Dios obró de manera tan magnánima con su pueblo amotinado en la fuente de Meribá, cómo imaginamos que obrará con nosotros, tan quejosos y levantiscos como los israelitas. Todo cuanto sucedió el día de Masá en el desierto prefigura nuestra propia historia de querellas, de pugnas, pero también de felicidad cuando el chorro proyecta el líquido sin el cual no podemos caminar. San Pablo lo dirá abiertamente a los corintios en su primera epístola: "Y todos bebieron la misma bebida espiritual, pues bebían de la roca espiritual que los seguía; y la roca era Cristo".

De Cristo mana el agua viva. De su costado atravesado por la lanza del centurión. En esa efusión de su sangre y el agua de su costado nace la Iglesia, que es el pueblo peregrino que camina por el desierto de esta vida terrenal en pos de la tierra prometida celestial murmurando con hambre y sed bajo el sol inmisericorde. Todos los personajes del cuadro de Murillo están bebiendo del agua que ha brotado de la roca pero nosotros, los herederos de ese pueblo altivo capaz de tentar a su Creador, podemos beber del agua que calma la sed para siempre -como Jesús le promete a la samaritana en el pozo de Siquén- porque "esa roca era Cristo".

La promesa es para todos

Y todos pueden acudir a beber porque la promesa es para todos. No hay distingos, no hay excepciones, no hay exclusivas: todos pueden saciarse. Hay agua de sobra para todos. Ese chorro que vemos en el cuadro manando para que todos llenen sus cacharros es apenas un hilito minúsculo al lado de la catarata que brota incesante de la oración: "Sepámoslo o no, es el encuentro de la sed de Dios y de la sed del hombre", la define el Catecismo recordando la máxima de San Agustín de que "Dios tiene sed de que el hombre tenga sed de Él".

Dios está sediento de que le muestres tu sed, de que le pidas como San Ignacio: "Agua del costado de Cristo, lávame". Es tan sencillo como acercar los labios al manantial. Si quieres llenar una cántara de espiritualidad, llénala. Si quieres echar un trago y refrescarte la boca, échalo. Si quieres usar un cacharro nuevo y reluciente, úsalo. Si tienes otro abollado y desportillado, tampoco importa. El agua viva es para todos y es para siempre, no se va a acabar nunca, siempre estará manando por si te quieres acercar. Lo más impresionante de una catarata no llega cuando la contemplas, sino cuando te das la vuelta -sabes de qué hablo- y sigues oyendo el rumor del agua cayendo sin cesar. Incluso cuando te has montado en el autobús que te aleja de allí: el agua sigue despeñándose. La mires o no. La aproveches o la dejes correr. La gracia divina, el agua viva del costado de Cristo, no se va a secar en toda la eternidad.

Al comienzo, te propuse recontar los recipientes con que el abigarrado grupo que pintó Murillo se dedica a recoger el agua que brota de la peña en el desierto. ¿Seguro que eran dieciséis? Has olvidado uno, seguro. Repasa por si falta, en el cuadro de la vida real, tu vasija para beber de la gracia.

Oración

Señor Jesucristo, danos a beber de tu agua viva, fuente de vida eterna. Danos a beber el cáliz de tu pasión para compartir tu muerte y resurrección.
Concédenos la gracia de creer cada día más y mejor, y que con el ejemplo de la caridad calmemos la sed espiritual de nuestros hermanos. Por nuestro Señor Jesucristo, tu Hijo, que vive y reina contigo en la unidad del Espíritu Santo y es Dios por los siglos de los siglos

Amén

Abrahán y los tres ángeles (Murillo, 1667)

"Quien a vosotros recibe, a mí me recibe, y quien me recibe a mí, recibe a Aquel que me ha enviado" (Mt 10, 40)

Gn 18, 1-15

Quiénes son esos tres personajes que aparecen a la izquierda en el cuadro. La cuestión tiene más enjundia de lo que parece a simple vista. Quiénes son esos tres caminantes con túnicas y mantos de colores que no podemos asociar a ningún apóstol. Calzan sandalias y en el de la derecha descubrimos una calabacilla, que hacía de cantimplora en esa época. Vienen de lejos. O eso parece. Y cada uno lleva un cayado. Para apoyarse en él durante el camino, cuando la fatiga casi vence al cuerpo y hay que buscar un apoyo para seguir avanzando. Tres sujetos, tres cayados idénticos en tamaño y forma. Pero siendo así que sirven para apoyarse en el suelo, por qué los alzan. Y por qué está cada vara a diferente altura: el del centro, más elevado; luego, el de la izquierda y finalmente el de la derecha. Como en un podio olímpico, tal vez señalando la preeminencia entre esos tres personajes misteriosos plantados ahí delante del anciano con barbas. ¿Es casualidad o lo andaba buscando Murillo con toda la intención?

Y todavía más inquietante: ¿no tienen el mismo rostro los tres? O, al menos, se parecen tanto que no hay manera de distinguirlos, como si compartieran semblante o personalidad. Como si el pintor hubiera querido lanzar un aviso al espectador de que se trata de un misterio dentro de otro misterio. El cuadro entero lo es. Bartolomé Esteban Murillo adoptó el pasaje del Génesis conocido como la teofanía (aparición o manifestación de Dios) de Mambré para ilustrar la obra de misericordia de dar posada al peregrino siguiendo una línea de pensamiento alumbrada con la Contrarreforma y que tuvo en la escuela de Rembrandt su principal propagador. Cuando Murillo la adopta para el programa iconográfico de la Caridad, donde cuelga una copia porque el original llegó hasta Ottawa (Canadá), no hace sino reproducir el motivo de la filoxenia de Abrahán, justo lo contrario del término xenofobia con el que estamos tristemente más familiarizados.

El cuadro, pintado para la Caridad y expoliado por el mariscal Soult como los otros tres de la serie de las obras de misericordia, representa a tres individuos varones de aspecto juvenil, casi diríase angelical, llegando a la presencia de un anciano de luengas barbas blancas arrodillado bajo una encina a la puerta de lo que figura ser una casa. Una cesta de mimbre colgada de una ramita del tronco completa la escena pictórica. Murillo reproduce casi al pie de la letra el relato del Génesis.

Murillo sabía de encinas

En primer lugar, está la encina. Casi como un quinto protagonista del lienzo. Su presencia es insalvable, por mucho que queramos fijar la atención en el gesto de los cuatro hombres, hay algo que nos empuja a desviar la mirada y a recorrer el tronco de la encina hasta la rama que enmarca la escena dividiendo en dos mitades el cuadro: Abrahán está bajo la sombra de las hojas, que Murillo se encarga de pintar con un detalle asombroso, con una pincelada puntillosa y metódica. A su favor tiene que se trata de una especie bien reconocible para un pintor sevillano. Nuestras dehesas, el biotipo característico del bosque mediterráneo en nuestra zona, están pobladas de encinas y eso se nota en la minuciosidad con que está descrito el árbol en el lienzo. Murillo está seguro y lo pinta con detalle, casi con delectación, en una actitud diametralmente opuesta a la que le llevó a pintar el dromedario de "Moisés haciendo brotar el agua de la roca" casi de forma anecdótica, asomando por el ángulo superior derecho del cuadro, porque lo más seguro es que el pintor sevillano jamás hubiera visto en su vida esta especie de cuadrúpedo. Pero encinas sí que vio. Y tanto que se nota: las hojas ofrecen la tonalidad verde oscura por el haz y casi blanquecina por el envés inconfundibles en la variedad *rotundifolia* de la especie *Quercus ílex* tan abundante en los cotos arbolados en torno a Sevilla.

En segundo término, el patriarca del Antiguo Testamento, con el que Yahvé firmó la Antigua Alianza. En el capítulo 14 del Génesis se nos indica que Abrán (todavía no le había cambiado el nombre Dios tras sellar su pacto) estaba radicado en el encinar de Mambré el amorreo, aliado suyo como sus hermanos Aner y Escol, en el rescate de su sobrino Lot de manos del rey Quedorlaomer y sus aliados. Todavía hoy se exhibe una encina sostenida por vigas en el sitio palestino de "Haram Ramet el Halil", literalmente, "santuario de la altura del amigo de Dios", muy cerca de Hebrón, donde se veneran las tumbas de Abrahán, Isaac y Jacob.

Abrahán estaba sentado en esa piedra de la derecha "en lo más caluroso del día" hasta el momento en que ha alzado la vista y ha encontrado a esos tres andariegos que se aproximaban. "Al verlos, corrió a su encuentro desde la puerta de la tienda, se postró en tierra", actitud que advertimos en el movimiento de sus piernas. Colgado del cinto, apreciamos el cuchillo, atributo iconográfico que recuerda el sacrificio de Isaac, su hijo, detenido en último instante por un ángel del Señor. Pero no adelantemos acontecimientos, aunque el cuadro de hoy vaya precisamente de anuncios y promesas. Cada cosa a su tiempo.

De acuerdo, pero quiénes son los tres personajes del lienzo. Con el patriarca no hay confusión posible, porque así lo marca el pasaje veterotestamentario, pero para los otros protagonistas de la composición hay controversia en la historia del Arte. Basta contraponer a Murillo, a Tiépolo y a Rublev para darse cuenta de las diferencias entre estos tres artistas a la hora de representar el episodio de la teofanía de Mambré.

Andrei Rublev, un monje ortodoxo ruso que vivió en el siglo XV, es autor de un icono mundialmente famoso, acaso el más reconocible de la innúmera producción rusa: "La Trinidad", también llamado "La hospitalidad de Abrahán" porque se inspira en la misma perícopa bíblica. La Iglesia oriental pronto advirtió en la figura de esos tres personajes que llegan hasta donde habita Abrahán a la mismísima Trinidad. Y así se ha interpretado y representado el episodio en el arte cristiano oriental El icono de Rublev nos presenta a Dios Padre, Dios Hijo y Dios Espíritu Santo de izquierda a derecha. Los colores de sus vestiduras así los identifican. Además, detrás de la segunda persona de la Trinidad, Jesucristo nuestro Señor, asoma la rama de una encina en referencia al encinar de Mambré. Los tres personajes están sentados a una mesa y cada uno porta su bastón. No hay duda: el artista ha tomado la primera teofanía del Antiguo Testamento como una visita de la Trinidad en torno a una mesa donde hay una copa que contiene el ternero que el patriarca ofreció a sus visitantes. También San Ambrosio fue el primero en inclinarse por esta prefiguración de la Trinidad contenida en la visita aparente de los tres ángeles y tras él, su discípulo San Agustín y luego otros padres de la Iglesia.

Examinemos ahora el lienzo de Giambattista Tiépolo que se conserva en el museo del Prado. Se trata de un óleo originalmente destinado a una capilla o un oratorio privado en el que Abrahán está prosternado ante tres espíritus celestes inconfundiblemente caracterizados como ángeles con alas a la espalda y el rostro de efebos impúberes cubiertos con telas vaporosas que velan el sexo de los ángeles al espectador. Una hogaza de pan a los pies de las criaturas celestiales testimonia la ofrenda, pero el desplante del ángel central, diríase que la altivez con que está retratado, descarta cualquier prefiguración de la Trinidad y circunscribe la aparición a Abrahán a meros mensajeros de la divinidad destinados a llevarle el anuncio del nacimiento de un hijo con su mujer Sara.

En medio de estas dos interpretaciones iconográficas se sitúa el cuadro de Murillo para la Caridad. La apariencia humana de los viajeros que llegan hasta la tienda del patriarca del Génesis posibilita cualesquiera de las dos maneras de representar la teofanía de Mambré. Sin embargo, hay un detalle teológico mucho más interesante en el gesto de Abrahán en el lienzo murillesco que en el de Tiépolo, pintado casi un siglo después. Aquí el patriarca mantiene unidas las manos en gesto característico de oración, como si la visión de los ángeles le hubiera hecho entrar en éxtasis. En Murillo, no obstante, Abrahán presenta ambos manos abiertas con las palmas vueltas acompañando el movimiento de los brazos con una flexión del codo que constituye toda una invitación a entrar a la tienda y a tomar posesión de todo cuanto tiene el pastor.

Por eso cuadra que Abrahán ofrezca posada a sus tan ilustres como desconocidos visitantes. El primer versículo del capítulo 18 nos dice que “el Señor se apareció a Abrahán”. A eso llamamos teofanía, porque es el Verbo el que se manifiesta. Pero antes de que se le apareciera en Mambré (lugar sagrado) el Señor, Abrahán había sellado un pacto con Yahvé por el que se había cambiado de nombre y había adoptado la circuncisión del prepucio de los varones de su casa como símbolo de la pertenencia al pueblo elegido.

Dios al encuentro

Murillo reserva una mirada compasiva para la escena completa. En ese sentido, transmite con sus pinceles fidedignamente el relato sencillo, directo y fresco del libro del Génesis. La aparición de Dios no viene acompañada de ningún signo externo. No hay “ligero y blando susurro” como con Elías, ni rayos y truenos como en el Sinaí, ni siquiera en sueños durante la noche, con toda su carga de misterio. Aquí Dios se presenta a través de tres caminantes. Y lo más grandioso es que Abrahán sabe verlo. Está preparado para encontrarlo en esos tres andariegos que llegan hasta él.

¡Tantas veces habrá venido Dios a nuestro encuentro y no lo hemos advertido! Habrá llegado como unos simples paseantes que se acercan y a los que hay que banquetear, pero en seguida nos habrá sobrepasado el fastidio que supone dejar de lado nuestros planes y dedicarles, antes que nada material, tiempo. Dios pasa por nuestro lado, pero cuántas veces ni siquiera lo notamos. Abrahán nos da un modo de conducta. Porque antes que nada, ejerce la hospitalidad, sacrosanta en los pueblos de Oriente y tan olvidada en nuestro mundo de prisas. ¡Ah, aquellas visitas de parientes que venían de fuera de la ciudad a los que había que atender como es debido sin mostrar impaciencia por la hora en que decidían volverse a su hogar!

Refugiados

Nos hemos referido antes a la filoxenia de Abrahán, porque es el sentimiento de amor al extranjero el que anima la actitud de Abrahán. La hospitalidad es un rasgo característico de las culturas del desierto, un medio extremo donde la visita constituye un acontecimiento tanto para el anfitrión como para el huésped. Los israelitas, como pueblo de Oriente Próximo, tenía inculcada esta mentalidad y así lo recogen las Escrituras después del Éxodo: «No maltratarás ni oprimirás al emigrante, pues emigrantes fuisteis vosotros en la tierra de Egipto».

Y esa idea se transmite al cristiano, como bien recuerda el Papa Francisco en su reciente exhortación "Gaudete et exsultate": "Suele escucharse que, frente al relativismo y a los límites del mundo actual, sería un asunto menor la situación de los migrantes, por ejemplo. Algunos católicos afirman que es un tema secundario al lado de los temas «serios» de la bioética. Que diga algo así un político preocupado por sus éxitos se puede comprender; pero no un cristiano, a quien solo le cabe la actitud de ponerse en los zapatos de ese hermano que arriesga su vida para dar un futuro a sus hijos".

Abrahán -y con él los espectadores del cuadro de Murillo- no sabe quiénes son sus tres huéspedes misteriosos pero aun así los agasaja con una disposición que hoy nos asombra: manda traer agua para que se laven los pies, que el primer gesto de acogida a quien pisaba los umbrales de un hogar. Y les trae pan para que repongan fuerzas. Y luego manda a Sara hacer unas tortas con tres cuartillos de flor de harina y matar el ternero hermoso para guisarlo. Y cuajada y leche y que no falte de nada.

En el pasaje del Génesis, los tres personajes llegan para cumplir una misión, para anunciar el cumplimiento de la promesa que Yahvé le había hecho, pero no sabemos ni una palabra hasta que no se ha celebrado el encuentro. No es el Dios tonante que se anuncia con fuego devorador como proclama el salmo 18: "De su nariz se alzaba una humareda, de su boca un fuego voraz, y lanzaba carbones ardiendo. Inclinó el cielo y bajó con nubarrones debajo de sus pies".

Aquí es un Dios cercano que gusta de las cosas sencillas. Qué más sencillo hay que hacer un alto en la caminata en lo más caluroso del día a la sombra de una encina. A Dios le es grata nuestra compañía y le va bien con todo lo que queramos ofrecerle casi como en el verso de Machado: "El bueno es el que guarda, cual venta del camino, para el sediento, el agua; para el borracho, el vino". Dios se nos presenta a diario y de nosotros depende la respuesta. Si nos echamos a sus pies invocando como hace Abrahán, el amigo de Dios: "Señor mío, si he alcanzado tu favor, no pases de largo junto a tu siervo".

Miguel Mañara

En el capítulo segundo de la regla de la hermandad de la Santa Caridad, el venerable Miguel Mañara mandó escribir: "Nuestro padre Abrahán rico y poderoso era, y pudiendo mandar a sus criados cuidasen de los pobres peregrinos, no lo hacía, sino en sus hombros traía el venerable padre las terneras para regalarlos, porque no sabía si Dios nuestro Señor se agradaría más de los dolores de sus hombros que del regalo del hospedaje". No cabe duda que Murillo, admitido a la hermandad en tiempos de Mañara, tendría muy presente esta regla a la hora de retratar en su cuadro la obra misericordiosa de hospedar al peregrino.

Abrahán se da cuenta de la oportunidad que tiene con la presencia de esos tres sujetos que sólo abren la boca para admitir el ofrecimiento que les hace: "Bien, haz lo que dices". Es el valor supremo de la acogida. Todavía no han hablado del motivo por el que han aparecido en escena, todavía no sabe el patriarca por qué andan por allí ni para qué han llegado hasta donde él está, pero se apresura a homenajearlos. Antes de que Dios nos revele su plan, ese orden de vida que tiene prefijado para cada uno de nosotros dependiendo de nuestras opciones, antes es necesario que se produzca la acogida. Casi como un amigo. Antes de que Dios hable -por boca de sus mensajeros o de la Santísima Trinidad o de un mendigo con el que te cruzas a diario-, es obligado que te amigues con Él. Que le saques cuajada y leche, que guises lo que tengas a mano, que lo invites a pasar como en el cuadro Abrahán está invitando a pasar a sus desconocidos huéspedes.

En nuestro mundo frenético y sincopado, apenas hay ocasión para ejercer la hospitalidad. Para obsequiar con lo más preciado que tenemos: nuestro tiempo. Pero se impone como un requisito para recibir el don del Espíritu, esa Fuerza de lo Alto que llega hasta nuestra vida como los tres ángeles visitaron a Abrahán. Sin esa acogida hospitalaria, verdaderamente amistosa y relajada, no puede ir más allá la visita del Espíritu Santo que aquí se nos presenta. Se impone, como primera regla para con Dios, darle su tiempo, regalarle el espacio, preparar su estancia y ofrecerle lo que se tiene a mano: crear el clima de familiaridad, de confianza en el trato, de amistad prudente que da saberse acogido.

Abrahán, como tú y yo mismo, no sabe qué quieren los tres caminantes pero aun así los atendió lo mejor que supo. Dios pasa por tu vida, pero sólo si dispones la mesa y le haces hueco para que repose a tu lado, tomará asiento y se refrescará. Dios sólo pide un gesto, una invitación para que el corazón del posadero se abra. Más adelante se desvelará la razón de la visita.

Sara y la promesa

El motivo real de la aparición de esos tres personajes se nos revela en los versículos 9 al 15. "Después le dijeron", esto es, primero se dejaron obsequiar y disfrutaron de la comida dispuesta en su honor y sólo cuando se afianzó el clima de confianza, sólo cuando habían comprobado la disposición de Abrahán para acoger el mensaje fundamental que portaban, sólo entonces se abrió paso la conversación: “Cuando yo vuelva a verte, dentro del tiempo de costumbre, Sara habrá tenido un hijo”. El libro del Génesis es elocuente cuando presenta al patriarca como “ancianos, de edad muy avanzada” por lo que ella ya había pasado el climaterio.

Ahí queda patente el alcance y la trascendencia de la visita. Sara, a pesar de su edad, le dará un hijo a Abrahán, a quien Dios había prometido hacerlo “padre de una muchedumbre de pueblos”. En el capítulo precedente del Génesis, en una anterior teofanía, el Señor había sellado su alianza con Abrán: “Yo soy Dios todopoderoso, camina en mi presencia y sé perfecto. Yo concertaré una alianza contigo: te haré crecer sin medida”. Su hijo se llamará Isaac, con el que Dios establecerá una “alianza perpetua”.

Te has reído

Sara se toma a risa la promesa de Dios. No le cabe en la cabeza.que, a pesar de su edad, vaya a tener placer con un marido tan viejo. Dios, cuando se hace presente en nuestras vidas como lo está delante de la tienda de Abrahán, nos descoloca. Siempre. Sara se veía incapaz. Y tú y yo nos vemos incapaces. Qué sé yo: de salir con un termo de comida a repartir café a los indigentes, de darle clases de matemáticas a un refugiado sin familia, de predicar de palabra el Evangelio, de ponerme delante de vosotros cada semana a meditar en torno a la Palabra de un cuadro de Murillo. También, como Sara, decimos ‘anda, ya’, ‘cómo va a ser eso’, ‘ni soñando...’

Entonces, me acuerdo del salmo 138: “Señor, tú me sondeas y me conoces. Me conoces cuando me siento o me levanto, de lejos penetras mis pensamientos, distingues mi camino y mi descanso, todas mis sendas te son familiares. No ha llegado la palabra a mi lengua y ya, Señor, te la sabes toda”.

Exactamente eso le ocurrió a Sara. El Señor le dice a Abrahán: "Por qué se ha reído Sara, diciendo 'De verdad que voy a tener un hijo, yo tan vieja'?" E inmediatamente rubrica su omnipotencia: "¿Hay algo demasiado difícil para el Señor?". Para eso habían llegado los tres ángeles, para eso se había prosternado a sus pies Abrahán, para eso los había convidado, para eso se habían descalzado y lavado los pies, para eso habían hablado: para anunciarle al matrimonio de viejos que tendrían un hijo el año que viene por estas fechas. Para eso: para que crean en las promesas de Dios.

Mambré y Nazaret

La teofanía de Mambré puede entenderse como una prefiguración de la Anunciación, solemnidad que hemos celebrado esta semana. El ángel del Señor anunció a María y concibió por obra del Espíritu Santo. Se le presentó con sorpresa y conturbó a la Virgen; tanto que las primeras palabras del mensajero en Nazaret buscaban que se regocijara y despejara los temores que la atenazaban. En un principio, María muestra similar perplejidad que Sara: "¿Cómo será eso, si no conozco varón?" Humanos somos y no nos cabe en la cabeza el plan de Dios, porque si nos cupiera, si fuéramos capaces de imaginarlo, no sería tan inmenso e inabarcable como su misterio. El Señor le pregunta a Abrahán: "¿Hay algo demasiado difícil para el Señor?". Y el arcángel Gabriel despeja las dudas "porque para Dios nada hay imposible".

Es el mismo planteamiento con distinta respuesta. Sara, a la que no vemos en el cuadro de Murillo, se despide porfiona y asustada: "No me he reído". María, por el contrario, no se ríe. Su sí incondicional, sin reparos, pleno de fe, concluye en el Magnificat, el canto de alabanza más extraordinario que podamos leer en la Biblia: "Proclama mi alma la grandeza del Señor, mi espíritu se alegra en Dios, mi salvador; porque ha mirado la humillación de su esclava. Desde ahora me felicitarán todas las generaciones porque el Poderoso ha hecho obras grandes por mí..."

Dulce huésped del alma

Me quedo con esta frase de la exhortación del Papa: "No tengas miedo de apuntar más alto, de dejarte amar y liberar por Dios. No tengas miedo de dejarte guiar por el Espíritu Santo. La santidad no te hace menos humano, porque es el encuentro de tu debilidad con la fuerza de la gracia".

Todo depende de cómo se acoja a la Fuerza de lo Alto, el don gracioso que se derrama sobre ti y sobre mí. Al Espíritu Santo, en la secuencia litúrgica que se reza en su honor en la fiesta de Pentecostés, se le invoca como "dulce huésped del alma". Viene hasta nosotros como esos tres misteriosos personajes del lienzo. ¿Lo recibimos como Sara, escépticos y pugnaces, o lo recibimos como María, dóciles y confiados? ¿Sale tu alma a recibirlo, a arrodillarse cuando pasa junto a la tienda y lo saluda, lo colma de favores y lo agasaja como Abrahán hizo con los tres ángeles que aparecieron en escena? ¿Dispone tu alma un lugar para que repose y descanse su dulce huésped?

Oración

Señor Jesucristo, que fuiste peregrino en este mundo, danos un corazón acogedor para que abramos las puertas al peregrino y procuremos techo y hogar al que no tenga donde recogerse. Haznos compasivos con los hermanos y concédenos la gracia de no cerrar nuestro corazón al Espíritu Santo, estando siempre abiertos para recibir sus dones y obrar la caridad con nuestros prójimos.

Por nuestro Señor Jesucristo, tu Hijo, que vive y reina contigo en la unidad del Espíritu Santo y es Dios por los siglos de los siglos.

Amén

El entierro de Cristo (Pedro Roldán, 1673)

“Ella ha hecho lo que podía: se ha adelantado a embalsamar mi cuerpo para la sepultura” (Mc 14, 8)

Lc 23, 50-56

La séptima de las obras corporales de misericordia, según el programa iconográfico de la hermandad de la Santa Caridad para su templo dedicado a San Jorge, no cuelga de las paredes como los seis lienzos de Murillo sobre los que hemos venido meditando en las últimas semanas. Es el propio retablo mayor el que nos habla de la última de esas obras de misericordia, enterrar a los muertos, que había dado origen al nacimiento de la propia hermandad.

En efecto, la primera noticia de la hermandad data de 1456 a la muerte de Pedro Martínez de la Caridad, que dispuso en su testamento un legado para que los hermanos dieran cristiana sepultura a los restos mortales de los ajusticiados. El capítulo XIV de la Regla Antigua de 1578 expresa abiertamente cómo proceder: “Las veces que nuestra Hermandad tuviere noticia que haya en el campo, término de esta ciudad, algún cuerpo, quartos o huesos de algún ajusticiado, quando se ofrezca a darle eclesiástica sepultura (después de haber precedido el pedir licencia para ello, como se dice en el capítulo antecedente) los Diputados de entierros de aquel mes lo recogerán, y harán su entierro en la iglesia más conveniente para ello y si fueren muchos los cuerpos, o huesos se traerán a nuestra iglesia de la santa Caridad y de allí se llevarán a enterrar a la Capilla del Señor San Miguel, que para esto está dedicada en el Colegio del Señor San Isidro”.

Enterrar ajusticiados y ahogados

La primera finalidad de la hermandad de la Santa Caridad era enterrar los cuerpos que nadie reclamaba: los de ajusticiados, ahogados en el río y fallecidos de las grandes epidemias de peste que diezmaron la población de Sevilla desde finales del siglo XV hasta la terrible peste de 1649 que se supone que se llevó por delante al 40% de los vecinos. Así era como disponían las reglas que se hiciera el entierro: "Luego que se tenga aviso, que haya algún pobre difunto que no tenga quien cuide de él ni de darle sepultura, sea en su casa o en nuestro Hospital, o en posada particular, o en las cárceles, o ahogado en el río, o desamparado en alguna calle, o campo, prevendrá nuestro Portero lo necesario, que son cinco hombres con ropas azules, sombreros azules, y sus valonas blancas: los dos para llevar las andas en que ha de ir el difunto, y los dos para que lleven los faroles, y el otro que lleve la manguilla con el Santo Christo; y los de los faroles llevarán las campanillas, y una cesta de mimbres blanca con doce velas azules, y la mortaja hilo y aguja, y caldereta de agua bendita con su hisopo; y dicho Portero avisará a los Diputados de entierros de aquel mes; y de faltar alguno, se procurará otro de nuestros Hermanos, que supla por él, y juntos en nuestra iglesia, después de haber pedido a nuestro Señor gracia para acertar a servirle, irán con sus salvillas uno delante del Santo Christo, y otro detrás de las andas, que irán cubiertas con su paño azul, y dentro una sábana blanca para cubrir el cuerpo, y una almohada, y en altas voces irán pidiendo: 'Para enterrar los pobres de la santa Caridad de Jesuchristo por amor de Dios'".

Así viene siendo hasta nuestros días. Sólo que el portero avisa de los entierros de los hermanos acogidos con un mensaje al teléfono celular de los diputados de guardia, que tienen obligación de asistir al sepelio. No es de extrañar pues que una hermandad con semejante vocación convirtiera el entierro de Cristo en la pieza fundamental del retablo mayor de su capilla. Y todo ello por cumplir lo que había dispuesto Miguel Mañara en un cabildo de julio de 1670: "Si los reyes que han comido los gusanos, la lealtad y amor de sus vasallos les han hecho tan suntuosos sepulcros y panteones, es razón que nuestra fe y amor al rey del cielo, nuestro Padre y Señor, le haga a su sagrada imagen el más suntuoso sepulcro que nuestras fuerzas alcanzaren, cuyo gasto lo libramos en el inmenso tesoro de su Providencia".

El encargo

En esa fecha, julio de 1670, Murillo había completado toda su obra pictórica, pero faltaba rematar el conjunto con un retablo a la altura de lo que había pedido el hermano mayor, Miguel Mañara. La hermandad tuvo que escoger entre los dos proyectos presentados: uno de Francisco Dionisio de Ribas y otro, el que a la postre se llevó a cabo, de Bernardo Simón de Pineda. El procedimiento de elección nos resulta terriblemente familiar: los miembros de la junta de gobierno asesorada por una comisión artística estudiaron las propuestas como se hace a menudo en las hermandades penitenciales de nuestros días. Sólo que esa comisión de expertos la integraban José Molina de Argote, Diego Ortiz de Zúñiga y Bartolomé Esteban Murillo.

Bernardo Simón de Pineda cobró 12.000 ducados por la obra de carpintería y las tallas encargadas a Pedro Roldán, a cuya gubia se debe el impresionante retablo del entierro de Cristo que preside el altar y el resto de figuras. Se comprometió a tenerla lista en dos años pero finalmente se retrasó la obra, que no estuvo lista hasta abril de 1673, fecha en que se le pagan otros 500 ducados en concepto de ayuda de costa. De la policromía y el estofado con pan de oro se encargó Valdés Leal por un precio acordado de 10.000 ducados. En junio de 1674 estaba completado el retablo, obra cumbre de la estatuaria barroca española.

Dos santos y tres virtudes

El retablo es sencillamente prodigioso. Hay nueve esculturas exentas, ocho niños atlantes y ciento siete ángeles de diferentes tamaños. Diez figuras forman el grupo escultórico central al que enseguida le dedicaremos toda nuestra atención. Pero conviene descubrir antes toda la grandiosidad que encierra. En las calles laterales, dos imágenes de santos elegidos con toda la intención: San Jorge como titular de la iglesia de la hermandad en la nave del Evangelio con el dragón vencido a sus pies y San Roque como protector contra las plagas y epidemias en la de la Epístola. Es fácilmente reconocible caracterizado como peregrino, llagado en la pierna y con el angelote que lo socorrió cuando él mismo se contagió y el perro que le suministraba cada día un pan robado de la mesa del señor feudal de la zona adonde se retiró para no transmitir la enfermedad.

En el ático del retablo, tres grandes figuras de bulto redondo llaman la atención en cuanto se levanta la vista. Son las alegorías de las tres virtudes teologales: fe, esperanza y caridad, aunque aquí no están dispuestas en ese orden en el que se las suele nombrar sino que la Santa Caridad -inspiradora de la propia hermandad- obtiene todo el protagonismo al situarse en el centro. Debajo de cada figura, una cartela descifra, para que no haya duda, los atributos de cada imagen. Para la fe, de blanco abrazada a la cruz con el cáliz y la hostia en la otra mano, la cartela describe: "Creo". Para la esperanza, vestida de verde en la nave de la Epístola, abrazada al ancla y los ojos puestos en el cielo, la cartela describe: "Espero". Y para la caridad, de rojo pasional intenso en el centro, con el corazón inflamado en la mano y los tres niños que son su atributo iconográfico revolviendo a su alrededor, la cartela no puede ser más explícita: "Amo".

Dos inscripciones, por encima y por debajo de la caridad, subrayan el mensaje central. "Mortuus et sepultus est" como se rezaba en el credo en latín para acentuar el dramatismo de la escena central, y la grafía en hebreo de Yahvé inscrita en el triángulo invertido característico de la divinidad que corona todo el conjunto como resumen epigráfico de todo el programa iconográfico. A ambos lados de la alegoría de la Caridad, dos ángeles pasionarios cada uno con un instrumento de la pasión: uno, la corona de espinas; el otro, el látigo de la flagelación.

El motivo central

Centrémonos pues en el entierro de Cristo. Y hagámoslo con el "Discurso de la verdad" de Miguel Mañara, que está en perfecta sintonía con el motivo que se quiso representar. Digamos que ese librito del venerable siervo de Dios plasma el programa iconográfico del templo por entero. Ahí leemos: "Ciego eres si no ves estas cosas: desventurado de ti, que surcas el mar y la tierra por juntar riquezas, para dejarlas a otros, y, cuando menos pienses, entrarás desnudo en una sepultura llena de huesos y calaveras que será tu oscuro aposento hasta el fin del mundo: mira cuánto ha que poseen este aposento los difuntos (...) Los pontífices, los reyes, que pasaron, ya son tierra. Tus conocidos (ve acordándote de ellos) vivieron cuatro días y serán muertos muchos siglos, y tú serás lo mismo. Pocos días vivirás y muchas edades habitarán con los gusanos y lombrices de la tierra".

Esto es lo que insinúa el conjunto escultórico. Cristo muerto es transportado por los santos varones José de Arimatea y Nicodemo con ayuda del discípulo amado, Juan evangelista, que sostiene el sudario. En las reglas de la hermandad eran precisamente dos hermanos de la corporación los que debían cargar con el cadáver para hacer entrega de los restos al hermano mayor. Resulta pues que la disposición del conjunto escultórico sirve de recuerdo de las obligaciones que contraían los hermanos al ingresar en la hermandad.

En segundo plano de la composición, la Virgen y María Magdalena contemplan la escena. Más atrás, a la izquierda del espectador en segundo plano, las otras dos marías, la de Salomé y la de Cleofás. El conjunto se completa con otros dos criados que están sujetando la lápida para aumentar la impresión del enterramiento en quien observa el altorrelieve. Y todavía hay más: para aumentar la sensación de perspectiva, el fondo del retablo lo ocupa un bajorrelieve del monte Calvario pintado por Valdés Leal: los dos ladrones siguen todavía en sus respectivas cruces mientras otros dos personajes secundarios trajinan con las escaleras para bajarlos y un tercero cruza la escena llevando una cesta de mimbre en la que se advierten algunos de los instrumentos de la pasión como las tenazas, los clavos o la lanza de Longinos.

Teatralidad

Los personajes principales, en primer plano, están tallados como esculturas exentas y el lienzo es tela encolada para mejor reproducir el apresto y la caída de la tela en que debieron envolver el cuerpo de Cristo tras su deposición de la cruz. El efecto busca, ante todo, la teatralidad. El espectador asiste a ese momento conmovedor en que Cristo muerto es conducido a la sepultura nueva en el huerto de José de Arimatea como si fuera un personaje más. Conmovido, por supuesto.

Conmueve el cuerpo desmadejado de Cristo, de color cianótico, exangüe. Arimatea le sostiene el brazo. El mismo brazo izquierdo con el que saludaba cuando entró en Jerusalén, el mismo brazo lleno de vigor con el que señaló al paralítico en la piscina probática hasta devolverle la fuerza en las piernas. El brazo que se dirigió a Zaqueo para que bajara del sicomoro porque esa misma noche tenía que cenar con él, el brazo que indicó a Mateo en la oficina de la alcabala que lo siguiera. Esas manos por las que chorrea la sangre de los clavos sin fuerza, sin aliento, sin nervio sobre el sudario, son las que multiplicaron los panes y los peces en la orilla del lago Tiberíades. Son las mismas manos que habían partido el pan en la última cena con sus apóstoles, las mismas manos que entrelazadas habían rogado al Padre que apartara de sí aquel cáliz amargo de su prendimiento y la posterior pasión. Las manos que se abrazaron al madero aceptando morir por la redención de los hombres. Por la redención tuya y mía.

Boca sin aliento

Esa boca entreabierta de la que no exhala ningún hálito es la misma que prometía la gloria a quienes cumplieran la voluntad de Dios: "Venid benditos de mi Padre, heredad el reino preparado para vosotros desde la creación del mundo. Porque tuve hambre y me disteis de comer, tuve sed y me disteis de beber, fui forastero y me hospedasteis, estuve desnudo y me vestisteis, enfermo y me visitasteis, en la cárcel y vinisteis a verme". Pero en el trance del sepelio no hubo palabras. Nadie escuchó ninguna parábola, nadie se escandalizó con ninguna advertencia, nadie dijo nada. Sólo silencio. Si acaso, algún gimoteo de la Magdalena o de las otras marías. La Virgen, traspasado su corazón de puñales dolorosos, ni siquiera sollozaba, llevaba la pena honda, tan honda que no afloraba a su rostro. Suspiraba.

El grupo caminaba en silencio. Los criados que habían levantado la losa del sepulcro, a la derecha del retablo, resoplarían lo más soportando el peso de la roca mientras los santos varones terminaban de acomodar el cuerpo del Maestro dentro de la sepultura. Tienen las manos crispadas aferrando la lápida pesadísima. Más pesan los pecados de la humanidad con los que se cierra el sepulcro durante esos tres días de tiniebla y desvalimiento en que el Señor estuvo muerto y sepultado. "Mortuus et sepultus est". No hay más. Aquí yace la humanidad de Cristo, su cuerpo encarnado con el que asumió nuestros pecados. Los de sus contemporáneos que lo ajusticiaron, los de quienes se desentendieron de sus enseñanzas conforme lo llevaban al matadero como oveja sin balar. Pero también los pecados de quienes habían nacido antes que él lo hiciera de María Virgen. Y de todos los que hemos nacido después que él. Todos los pecados están puestos sobre esa losa sepulcral que cierra el día más triste de la historia. Todo los pecados. Los tuyos y los míos.

El peso de los pecados

¿Cuánto pesan todos los pecados del mundo? En el preciso momento del entierro, en ese terrible trance, no hay sangre de holocausto capaz de borrarlos, ninguna sangre de cordero ni de novillo limpia la túnica hasta dejarla blanca como la nieve. Indeleble, no hay nada que lo pueda borrar, no hay nada con lo que se pueda lavar del todo mi delito, cometí el mal que aborreces, Señor, contra ti sólo pequé. Misericordia, por tu bondad, borra mi culpa. Mi culpa y la tuya que han sellado la tumba en que el Viviente yace. Tres días en la oscuridad, tres días en las que el pecado se ha enseñoreado del mundo y la muerte proclama su victoria. Tres días a ciegas.

La oscuridad del sábado santo, total, impenetrable, negra como la pez. El grande y santo Sábado del sermón anónimo en el oficio divino del Viernes Santo: “Dios ha muerto en la carne y ha puesto en conmoción el abismo. Va a buscar a nuestro primer padre como si fuera la oveja perdida. Quiere absolutamente visitar a los que viven en tinieblas y en sombra de muerte”. Camino de la total oscuridad del sepulcro. No hay luz en el seno de la tierra donde Cristo yace.

Esperanza muerta

Allí yace también nuestra esperanza. Derrotada momentáneamente, aniquilada con la brutalidad que Roma reservaba para sus convictos, asolada con la sinuosidad que los sanedritas reservaban para quienes pudieran desenmascarar sus apaños. Allí está muerta nuestra esperanza. Lo dice el apóstol de los gentiles. Dentro de una tumba sellada por nuestros pecados: “Si hemos puesto nuestra esperanza en Cristo solo en esta vida, somos los más desgraciados de toda la humanidad”. San Pablo exhorta a los corintios lo mismo que Mañara, Murillo, Roldán y Valdés Leal nos exhortan a nosotros en el templo de la Caridad: “En un instante, en un abrir y cerrar de ojos, cuando suene la última trompeta; porque sonará, y los muertos resucitarán incorruptibles, y nosotros seremos transformados. Porque es preciso que esto que es corruptible se vista de incorrupción, y esto mortal se vista de inmortalidad. Y cuando esto corruptible se vista de incorrupción, y esto mortal se vista de inmortalidad, entonces se cumplirá la palabra que está escrita: ‘La muerte ha sido absorbida en la victoria. ¿Dónde está muerte tu victoria?’ ¿Dónde está, muerte, tu aguijón?””

Pasar por el fracaso

Pero para llegar a ver el triunfo de la Resurrección, la gloria imperecedera que acompaña a Cristo corriendo la losa del sepulcro y con ella todos los pecados de la humanidad, toda la muerte añadida, hay que pasar por ese fracaso del entierro. Para que todo tenga sentido y todo aproveche a la mayor gloria de Dios, que resucitó a Jesús de entre los muertos. San Manuel González lo dijo así: "Nunca se está más cerca del triunfo que cuando se está clavado en la cruz o más guardado por sus enemigos en el sepulcro"

Nunca se está más cerca del triunfo que en la derrota. No son palabras hechas. Si fueran vocablos vacíos, descarnados de vida, no te los diría. Pero así lo he sentido. Cada vez que he estado a punto de perderlo todo, lo he ganado. Cada vez que he estado cerca de la nada, me ha llenado el Todo. Hay que pasar por el fracaso del entierro, por el inconcebible tránsito de la oscuridad, del frío que cala los huesos, del abandono -¡Dios mío, qué solos se quedan los muertos!-, del hambre y la sed, de la inmovilidad, de la irrelevancia, de la insignificancia. Hay que morir para volver a nacer.

Nicodemo besa los pies

Nicodemo se agacha sobre los pies llagados. Nicodemo, el discípulo que lo visitaba a escondidas, el buen judío cumplidor de los preceptos que se ha sentido atraído por la predicación de aquel galileo al que consulta a escondidas para no ganarse más problemas de los que ya tiene. ¿No veis en Nicodemo a esa porción del pueblo de Dios temerosa de confesar abiertamente su fe, a todos aquellos que tienen que cuidarse de parecer demasiado píos o demasiado fervorosos o demasiado radicales para que no los tomen por locos? ¿No veis en Nicodemo a ese discípulo que en secreto reza y en secreto cumple los mandamientos y en secreto hace obras de caridad sin que la mano derecha se entere de lo que hace la izquierda y que en secreto sigue las enseñanzas de Jesús?

Qué ha pasado para que Nicodemo, que no se atreve a dar la cara en vida del Maestro hasta el punto que sólo el Evangelio de Juan lo cita, aparezca ahora descolgando a Cristo del madero. Y llevándolo al sepulcro, tomándolo por los pies agujereados. Los mismos pies que pisaron la casa de Betania donde resucitó a su amigo Lázaro, los mismos pies que traspasaron el atrio del templo para azotar a los mercaderes, los mismos pies que caminaron sobre el agua, los mismos pies que sintieron el frío del mármol en el pretorio cuando se burlaban, lo vejaban y lo coronaban de espinas, los mismos pies que subieron al lugar de la Calavera. Un paso detrás de otro. Sin detenerse, cayendo hasta tres veces, pero siempre adelante hasta la cima de ese monte pelado porque esa era la voluntad del Padre. Los mismos pies que han caminado a tu lado aunque no veas sus huellas en la arena del último día. Benditos los pies del mensajero que llega cargado de Buenas Noticias.

Nicodemo se postra hasta casi besar los pies. Qué hermoso gesto: besar los pies del crucificado. Ni a eso podríamos llegar: a besar los dedos inertes y fríos del crucificado. Para eso da nuestro amor, no da para más, sólo para dirigir un caliente ósculo sobre sus dedos. Como hace Nicodemo en el retablo de la Caridad.

¿Qué piensa Nicodemo?

¿Qué pensaría Nicodemo? Era judío, era fariseo, era jefe, nos dice Juan en el capítulo tercero de su Evangelio. Se sabía del pueblo elegido como nosotros nos sabemos del pueblo de Dios; cumplía los preceptos y los mandatos como nosotros cumplimos lo que nos manda la Santa Madre Iglesia; era versado en la Ley y las Escrituras como nosotros nos consideramos expertos en la doctrina porque de chicos aprendimos el catecismo. Pero entre el Nicodemo que curiosea en torno al Maestro que predica el Reino de Dios y el que lo desenclava de la cruz, el que apoya su brazo derecho sobre el hombro mientras lo baja del leño, o el que amorosamente coloca los pies del Cristo dentro de la fosa, ¿qué hay entre esos dos nicodemos tan distintos? Cómo puede nacer un nuevo Nicodemo del fariseo escrupuloso que era el antiguo Nicodemo.

"Nicodemo le preguntó: ¿Cómo puede nacer un hombre siendo viejo?". Ahí está la clave. Ahí está la pregunta que desencadena su conversión, la que disipa sus temores a que lo vean con el Nazareno. Dónde estaban los apóstoles cuando hubo que bajar a Cristo de la cruz. En qué cubículo se esconderían no fuera a pasarles a ellos lo mismo que había sucedido con su Maestro. Y, sin embargo, ahí estaba Nicodemo. El fariseo que se cuidaba de aparecer a la luz del día como uno de sus seguidores. Aquí está besando los pies, ¡ayudando a desenclavar a Cristo!

Volver a nacer

Nacer de nuevo. Pasar por el claustro materno de la tierra que nos abraza, insensible a todo estímulo exterior. Atravesar la muerte para tener vida eterna. Nacer de nuevo, es el mensaje que el artista plasmó en la Caridad, en la iglesia entera: del sotocoro a ese tetragrámaton que corona el impresionante retablo. Las Postrimerías en que se consumen las vanidades de este mundo, las obras de misericordia con que se ponen por práctica las enseñanzas morales y la muerte corporal a la que seguirá la resurrección de la carne para contemplar definitivamente el rostro de Dios.

Mañara concluye su "Discurso de la verdad" con esta seria advertencia: "Libre albedrío tienes, elige, que para coronar Dios tus obras, y para que tengan mérito, te pone en libertad: elige, porque has de morir y al salir tu alma de ese tu cuerpo en que ahora habita, le tomarán estrecha cuenta de los pasos que ha dado en estos montes, que todos te los tienen contados y ellos te llevarán al fin donde se encaminaron. Quiera la gran misericordia de Dios, y su paternal piedad, vayan a parar a él mismo, donde descanses".

También nosotros hemos hecho este itinerario espiritual con Murillo durante las últimas siete semanas con un solo fin: nacer de nuevo con la ayuda del Espíritu. Todo lo que hemos dicho aquí buscaba ese objetivo desde el primer día, desde la primera palabra. Por eso quiero acabar esta serie de meditaciones -aunque la semana que viene haremos los honores a la Virgen en su mes de mayo- con las palabras del diálogo de Jesús con Nicodemo: “En verdad, en verdad te digo: el que no nazca de agua y de Espíritu no puede entrar en el reino de Dios. Lo que nace de la carne es carne, lo que nace del Espíritu es espíritu. No te extrañes de que te haya dicho: ‘Tenéis que nacer de nuevo’, el viento sopla donde quiere y oyes su ruido, pero no sabes de dónde viene ni a dónde va. Así es todo el que ha nacido del Espíritu”.

Oración

Señor Jesucristo, que fuiste sepultado, concédenos la gracia de morir en tu amor para entrar en tu gloria.

Danos valor para acompañar a nuestros hermanos en el trance doloroso de la muerte animándoles con fe, alentándoles en la esperanza y compartiendo su sufrimiento con caridad.

Por nuestro Señor Jesucristo, tu Hijo, que vive y reina contigo en la unidad del Espíritu Santo y es Dios por los siglos de los siglos.

Amén.

yes

I want morebooks!

Buy your books fast and straightforward online - at one of world's fastest growing online book stores! Environmentally sound due to Print-on-Demand technologies.

Buy your books online at
www.morebooks.shop

¡Compre sus libros rápido y directo en internet, en una de las librerías en línea con mayor crecimiento en el mundo! Producción que protege el medio ambiente a través de las tecnologías de impresión bajo demanda.

Compre sus libros online en
www.morebooks.shop

info@omniscriptum.com
www.omniscriptum.com

Printed by Books on Demand GmbH, Norderstedt / Germany